U0367003

汽车驾驶

全/程/图/解

王淑君 编著

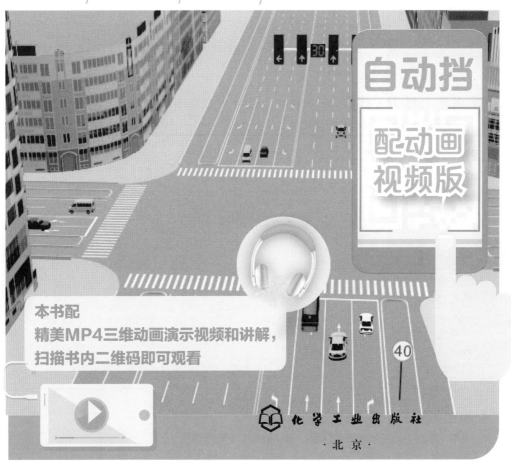

自动挡

配动画
视频版

本书配
精美MP4三维动画演示视频和讲解，
扫描书内二维码即可观看

化学工业出版社

·北京·

本书针对自动挡汽车的特点，以小型自动挡汽车为例，详细讲解了自动挡汽车的驾驶技巧、行驶中的共同规律，同时对训练方法进行了归纳总结。本书把掌握准确、正确的观察判断技能，消除恐惧心理，驾驶中涉及的交通法规等内容融于实际的操作中。

本书图文并茂，并配有精美的MP4三维动画演示视频和讲解，易学实用。可供新手学习或提高驾驶技术参考使用，也可作为驾驶培训学校的参考教材。

图书在版编目（CIP）数据

汽车驾驶全程图解：配动画视频版．自动挡／王淑君编著．—北京：化学工业出版社，2017.9（2024.5重印）
　ISBN 978-7-122-30327-1

　Ⅰ．①汽…　Ⅱ．①王…　Ⅲ．①汽车驾驶－图解
Ⅳ．①U471.1-64

　中国版本图书馆CIP数据核字（2017）第181306号

责任编辑：黄　滢　　　　　　　　装帧设计：王晓宇
责任校对：王　静

出版发行：化学工业出版社（北京市东城区青年湖南街13号　邮政编码100011）
印　　装：中煤（北京）印务有限公司
710mm×1000mm　1/16　印张13　字数180千字　2024年5月北京第1版第9次印刷

购书咨询：010-64518888　售后服务：010-64518899
网　　址：http://www.cip.com.cn
凡购买本书，如有缺损质量问题，本社销售中心负责调换。

定　　价：59.80元　　　　　　　　　　　　　　版权所有　违者必究

前言 FOREWORD

汽车驾驶
全程图解
自动挡：配动画视频版

凡事都有其自身的规律，成为驾驶高手也不例外。汽车驾驶过程中包含很多技巧、要领，新手们往往不易快速掌握，需要日常开车过程中不断摸索、多加练习，不断总结经验教训才能做到。

为帮助广大汽车驾驶员朋友，尤其是新驾驶员和准驾驶员们快速提高驾驶技能，尽快从驾驶新手转变为驾驶老手进而成为驾驶高手，特编著了本书。

本书在编著过程中主要遵循以下几项原则。

1.针对自动挡汽车的特点，以图文并茂的方式，详细讲解自动挡汽车的驾驶技巧，供新手迅速提高驾驶技能使用。

2.以小型自动挡汽车为例，重点讲解自动挡汽车驾驶中的共同规律。

3.书中所列的各项驾驶技巧易学实用，对老驾驶员也大有裨益。

4.结合精美的MP4三维仿真动画演示视频进行讲解，帮助读者高效学习和理解。

全书内容通俗易懂，重点讲解自动挡汽车的驾驶技巧和行驶中的共同规律，同时对日常驾驶训练方法也进行了归纳和总结，有利于驾驶新手少走弯路，提高驾驶技能。此外，本书还把掌握准确、正确的观察判断技能，消除恐惧心理，驾驶中涉及的交通法规等内容融入实际的操作当中。

本书由王淑君编著，感谢王苏巍、王业荣、苏国芳、金燕、王会军、牛玉兰、王海琼、石磊、张秀丽、李康、李晓星、王玉玲、苏国勤、苏国平对本书编著过程中插图绘制和整理等方面所做的大量工作。

由于笔者水平有限，书中不足之处在所难免，敬请读者朋友批评指正。

编著者

C O N T E N T S

目录

CONTENTS

第 5 部分　高速公路驾驶技术　/ 148

CONTENTS

CONTENTS

第**1**部分
自动挡汽车基本知识

1.1　自动挡汽车的特点

　　自动挡汽车的特点：❶自动挡结构复杂、技术先进。❷不会因人为操作因素损坏机件，定期更换变速箱油即可。❸自动挡汽车操作简单，分为P（停车）挡、R（倒车）挡、N（空）挡、D（前进）挡。有的还有D2、D3挡，还有的有1、2、3、4挡。有的是手自一体变速箱，可通过＋、－符号来实现自动挡的手动模式。还有无级变速形式的汽车。❹比手动挡汽车略微费油。

1.2　操纵机构

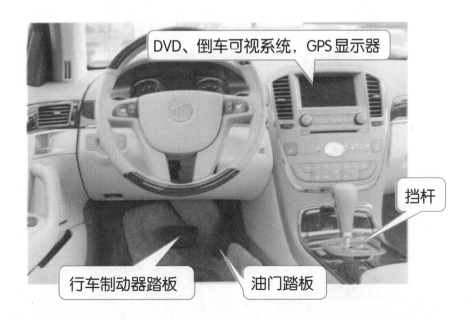

DVD、倒车可视系统，GPS显示器

挡杆

行车制动器踏板

油门踏板

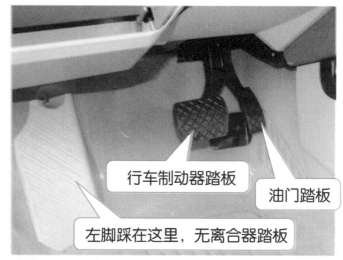

行车制动器踏板

油门踏板

左脚踩在这里，无离合器踏板

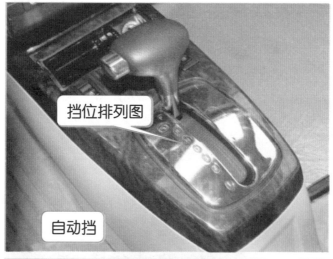

挡位排列图

自动挡

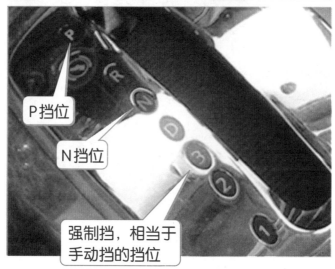

P挡位

N挡位

强制挡，相当于
手动挡的挡位

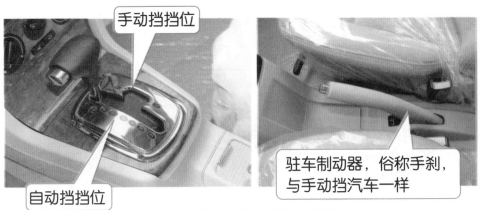

手动挡挡位

驻车制动器，俗称手刹，与手动挡汽车一样

自动挡挡位

自动挡汽车常见挡位排列

1.3 仪表与符号识别

不论什么车型，仪表都大同小异。

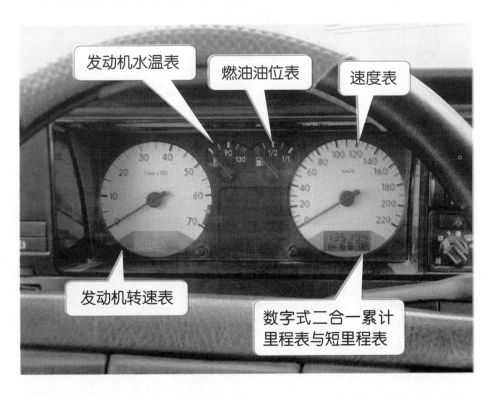

发动机水温表

燃油油位表

速度表

发动机转速表

数字式二合一累计里程表与短里程表

累计里程表：累计行驶的总里程。

短里程表：累计到一定里程自动归零，重新累计。比如到了 999 千米，自动回零，然后重新累计。

仪表板上有各种指示灯，常见的如下表。

车内各类仪表指示灯		
 ABS指示灯	 EPC指示灯	 O/D挡指示灯
该指示灯用来显示ABS工作状况。当打开钥匙门，车辆自检时，ABS灯会点亮数秒，随后熄灭。如果未闪亮或者启动后仍不熄灭，表明ABS出现故障	打开钥匙门，车辆开始自检时，EPC灯会点亮数秒，随后熄灭。如车辆启动后仍不熄灭，说明车辆机械与电子系统出现故障	该指示灯用来显示自动挡的O/D挡（Over-Drive，超速挡）的工作状态，O/D挡指示灯闪亮，说明O/D挡已锁止。此时加速能力获得提升，但会增加油耗
 安全带指示灯	 电瓶指示灯	 机油指示灯
该指示灯用来显示安全带是否处于锁止状态，当该灯点亮时，说明安全带没有及时扣紧。有些车型会有相应的提示音。当安全带被扣紧后，该指示灯自动熄灭	该指示灯用来显示电瓶使用状态。打开钥匙门，车辆开始自检时，该指示灯点亮，启动后自动熄灭。如果启动后电瓶指示灯常亮，说明该电瓶出现问题，需要更换	该指示灯用来显示发动机内机油的压力状况。打开钥匙门，车辆开始自检时，指示灯点亮，启动后熄灭。若该指示灯常亮，说明该车发动机机油压力低于规定标准，需要维修
 油量指示灯	 车门指示灯	 气囊指示灯
该指示灯用来显示车辆内储油量的多少。当钥匙门打开，车辆进行自检时，该油量指示灯会短时间点亮，随后熄灭。如启动后该指示灯点亮，则说明车内油量已不足	该指示灯用来显示车辆各车门状况。任意车门未关上，或者未关好，相应的车门指示灯都会点亮，提示驾驶员车门未关好。当车门关闭或关好时，相应车门指示灯熄灭	该指示灯用来显示安全气囊的工作状态。当打开钥匙门，车辆开始自检时，该指示灯自动点亮数秒后熄灭。如果常亮，则安全气囊出现故障

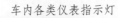

车内各类仪表指示灯

刹车盘指示灯	手刹指示灯	水温指示灯
该指示灯用来显示车辆刹车盘磨损状况。一般，该指示灯为熄灭状态，当刹车盘出现故障或磨损过度时，该灯点亮，修复后熄灭	该指示灯用来显示车辆手刹的工作状态，平时为熄灭状态。当手刹被拉起时，该指示灯自动点亮。手刹被放下时，该指示灯自动熄灭。有的车型在行驶中未放下手刹会伴随有警告音	该指示灯用来显示发动机内冷却液的温度。钥匙门打开，车辆自检时，会点亮数秒后熄灭。若水温指示灯常亮，说明冷却液温度超过规定值，需立刻停止行驶。水温正常后熄灭
发动机指示灯	转向灯指示灯	远光指示灯
该指示灯用来显示车辆发动机的工作状况。当打开钥匙门，车辆自检时，该指示灯点亮后自动熄灭。如常亮则说明车辆的发动机出现了故障，需要维修	该指示灯是用来显示车辆转向灯的工作状态。通常为熄灭状态。当驾驶员点亮转向灯时，相应方向的转向指示灯会同时被点亮，转向灯熄灭后，该指示灯自动熄灭	该指示灯是用来显示车辆远光灯的工作状态。通常情况下该指示灯为熄灭状态。当驾驶员点亮远光灯时，该指示灯会同时被点亮，以提示驾驶员，车辆的远光灯处于开启状态
玻璃水指示灯	雾灯指示灯	示宽指示灯
该指示灯是用来显示车辆所装玻璃清洁液的多少，平时为熄灭状态。该指示灯点亮时，说明车辆所装玻璃清洁液已不足，需添加玻璃清洁液。添加玻璃清洁液后，指示灯熄灭	该指示灯用来显示前后雾灯的工作状况。当前后雾灯点亮时，该指示灯相应就会点亮。关闭雾灯后，指示灯熄灭	该指示灯是用来显示车辆示宽灯的工作状态，平时为熄灭状态。当示宽灯打开时，该指示灯随即点亮。当示宽灯关闭或者关闭示宽灯打开大灯时，该指示灯自动熄灭

汽车驾驶全程图解

自动挡：配动画视频版

车内各类仪表指示灯		
内循环指示灯	VSC指示灯	TCS指示灯
该指示灯是用来显示车辆空调系统的内循环工作状态，平时为熄灭状态。当按下内循环按钮，空调系统进入内循环状态时，该指示灯自动点亮。内循环状态关闭时熄灭	该指示灯是用来显示车辆VSC（电子车身稳定系统）的工作状态，多出现在日系车上。当该指示灯点亮时，说明VSC系统已被关闭	该指示灯是用来显示车辆TCS（牵引力控制系统）的工作状态，多出现在日系车上。当该指示灯点亮时，说明TCS系统已被关闭
车内功能按键		
油箱开启键	ESP开关键	倒车雷达键
该按键用来在车内遥控开启油箱盖。装有该按键的车辆，驾驶员可以通过这个按键将油箱盖子从车内打开。不过油箱的关闭需要在车外手动控制	该按键用来打开或关闭车辆的ESP系统。车辆的ESP系统默认为工作状态，为了享受更直接的驾驶感受，驾驶员可以按下该按键关闭ESP系统	该按键用来打开或关闭车上的倒车雷达系统。驾驶员可以按下该按钮手动控制倒车雷达的工作
中控锁键	前大灯清洗键	后遮阳帘键
该按键是车辆中控门锁的控制按钮。驾驶员可以通过按下该按钮，同时打开或是关闭各个车门的门锁	该按键是用来控制前大灯的自动清洗功能。在装有前大灯清洗的车辆上，驾驶员可以通过按下这一按键开启前大灯清洗装置，对车辆的前大灯进行喷水清洗	该按键是用来控制车内电动后遮阳帘的打开与关闭。在装有电动后遮阳帘的车内，驾驶员可以通过按下这一按键开启后窗的电动遮阳帘，用来遮挡阳光

分时四驱车还有2WD和4WD驱动指示灯等。

1.4　自动巡航系统

　　汽车巡航控制系统（CCS）的作用是，按驾驶员所要求的速度闭合开关之后，不用踩油门踏板就可以自动地保持一个固定的车速行驶。采用了这种装置，在高速公路上长时间行车时，驾驶员就不用再去控制油门踏板，减轻了疲劳，同时减少了不必要的车速变化，可以节省燃油。

　　踩刹车后自动巡航功能自动取消。过山路、陡坡道、弯道，不要使用自动巡航功能，因为转向时如果速度配合不好有可能发生冲出路面的危险。

第 **2** 部分
自动挡汽车驾驶基础

2.1　带上必要的证件和设备

带上驾驶证、行驶证、保险单、IC交通卡等。还可买个专用急救包带上。行车前除常用随车工具外，还必须带上以下物品。

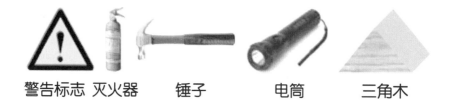

警告标志　灭火器　　　锤子　　　　电筒　　　　三角木

其中灭火器和锤子应放在后备厢内。备胎是必不可少的。记住备胎应当是随时能够使用的好胎，要经常检查它的气压。

2.2　车内外安全检查

注意看车底是否有酒瓶、宠物等障碍物

行车前检查车窗玻璃的清洁状况

行车前一定要检查后视镜的清洁状况，必要时清洁

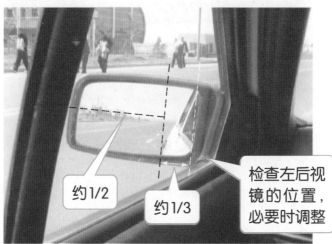

约1/2

约1/3

检查左后视镜的位置，必要时调整

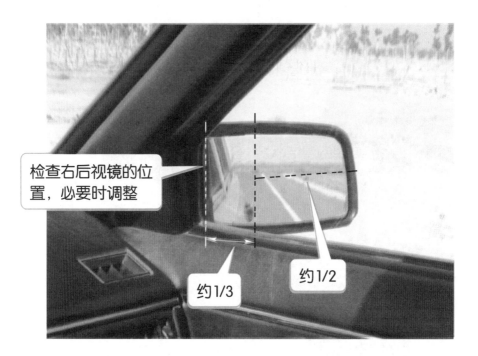

检查右后视镜的位置，必要时调整

约1/3

约1/2

检查内后视镜的位置，必要时调整

可让挡风玻璃的上边或下边露出一点

调整到便于看清后方情况的位置

目测胎压是否正常。

略有突出

气压正常

瘪下去了

气压过低

完全绷直

气压过高

此外，还应检查以下各图所示的项目。

检查有无异物、伤痕及磨损程度

磨 损 指 示 条

轮胎花纹与磨损指示条平齐时应立即更换轮胎

更换轮胎时间的判断方法

检查灯光，夜间还要检查远、近光灯，雾天检查雾灯等

检查各仪表、指示灯工作是否正常，注意看燃油表的油量

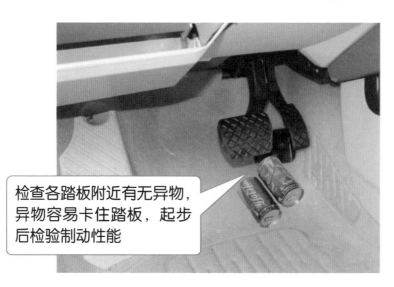

检查各踏板附近有无异物，异物容易卡住踏板，起步后检验制动性能

起步后左右转动方向盘略走S形，检查方向盘的工作状况

非职业驾驶人每隔一两周或1个月左右应进行如下安全项目检视。发现车辆异常时要随时停车检查。

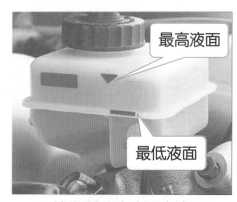

最高液面

最低液面

检查制动液液面高度

最高

最低

检查冷却液液面高度

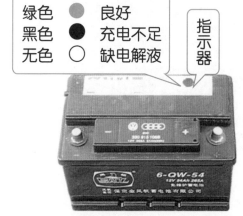

绿色 ⬤ 良好
黑色 ● 充电不足
无色 ○ 缺电解液

指示器

检查电解液液面高度

不要太少

检查挡风玻璃清洗液液面高度

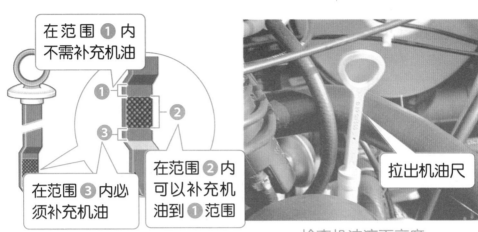

检查机油液面高度   检查机油液面高度

2.3 安全上下车

2.3.1 上车

为了保证行车安全，驾驶操作一定要规范、准确。一开始学开车就要严格要求自己，以免养成不良、甚至错误的操作习惯。

上车：围车绕行一周进行安全检视，检查周围有无障碍物、行人，轮胎花纹间有无异物、轮胎气压等

到达车的左侧后观察路的前后

确认前后方安全后，用左手开车门

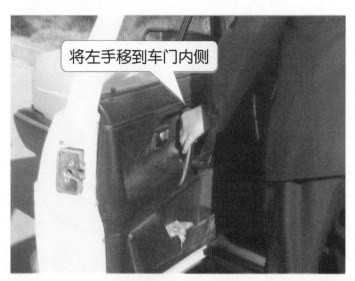

将左手移到车门内侧

右手扶住方向盘

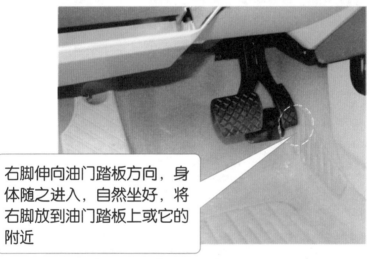

右脚伸向油门踏板方向，身体随之进入，自然坐好，将右脚放到油门踏板上或它的附近

关好车门并锁好

快速拉一下安全带，如果拉不动证明工作正常，然后慢速拉出安全带，并扣好

系好安全带

2.3.2 下车

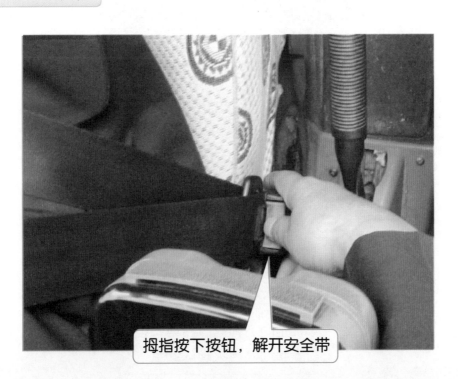

拇指按下按钮，解开安全带

先看前方是否有物体靠近，并由左、内、右三个后视镜看车后有无物体靠近。

微开车门，观察后方是否有物体靠近，再次确认安全

下车，关门，锁车

2.4 正确的驾驶姿势

正确的驾驶姿势是安全驾车的第一步。

正确的驾驶姿势使驾驶员能舒适、灵活、持久地操作各种操纵装置，观察仪表和道路情况。正确的姿势是，身体对正方向盘坐稳，上身轻靠座位靠背，胸部稍挺，两手分别握持方向盘的左、右两侧，两肘自然下垂，两眼注视前方。各部分肌肉要处于放松状态。过于前倾、后仰都是不良的驾驶姿势。

正确的驾驶姿势

过于前倾

过于后仰

2.5 调整座椅

　　现代车辆技术改进很快，调整座椅的机构及其操作差异较大，有的是电动的，有的还可调整座椅的高低。下面几个例子是用来说明操作要求的。

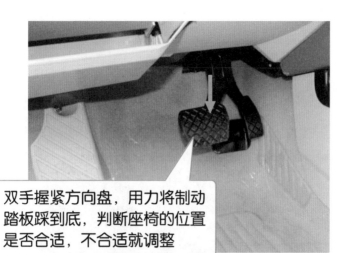

双手握紧方向盘，用力将制动
踏板踩到底，判断座椅的位置
是否合适，不合适就调整

旋转这个旋钮

调整座位靠背的角度

向上拉这个手柄同
时前后移动座位

调整座位的前后位置

调整到头枕中心能支撑头部

调整头枕的高度

2.6　启动与熄火

启动前确认冷却液、机油、燃油的液位正常，变速杆置于N（空）挡或P（驻车锁止）挡，确认手刹处于拉紧状态。启动发动机时，一定要注意发动机的特点，以及当时气温与发动机的温度等情况。

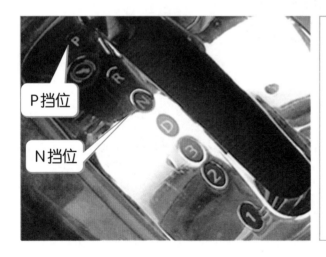

P挡位

N挡位

自动挡汽车的启动：拧车钥匙到仪表盘有指示，确认变速杆在P或N挡位，然后转动点火开关，启动发动机。有些自动变速器在任何挡位都能启动发动机，但是在非N挡必须踩刹车才能启动发动机

2.6.1　启动

点火开关一般有四个位置。

LOCK：点火开关断开，拔出钥匙，然后转动方向盘，可以锁住方向盘。插入钥匙后，如果方向盘在锁止状态钥匙不能转动时，可以左右轻轻转动方向盘同时旋转钥匙。

ACC：附属电子系统开启，如收音机、CD之类。

ON：所有电子系统开启，如照明、仪表盘灯和点火线路，车辆开始自检。

START：起动机工作，从而启动发动机。启动后松开钥匙，自动回到ON位置。

将钥匙插入锁芯

将钥匙插入锁芯。先由位置LOCK顺时针转动到位置ACC，附属电子系统电源接通，再顺时针转动到位置ON，所有电子系统电源接通，待电子系统自检完毕后，再顺时针转动到START位置即可启动发动机。发动机启动后应立即松开点火开关。

启动发动机时，每次不要超过5秒，如一次无法启动，连续两次启动需间隔15秒以上。

柴油发动机启动时要稍微踩下油门踏板。启动前，无需踩油门。但柴油机低温启动时，一般应用发动机上的预热装置预热后再启动。

接近90℃

启动后应观察仪表读数，最佳水温应在80~90℃。有机油压力表的还要注意看机油压力数值是否在0.2~0.4兆帕。有电流表的还要注意看电流值是否正常。只要不是冰冻季节，发动机启动后无需升温即可起步。冰冻季节等水温表指针开始动的时候就可以起步了，但达到正常温度前不可全速或超速运行，要低挡速慢行，等温度在50℃左右时，曲轴箱、变速箱等机械机构中的润滑油都能正常润滑了就可以正常行驶了。具体要求可参阅车辆使用手册。

2.6.2 熄火

自动挡汽车的熄火：踩住刹车不放，换入N挡，拉紧手刹，置P挡，逆时针拧钥匙熄火，再将钥匙完全回位，拔出即可。

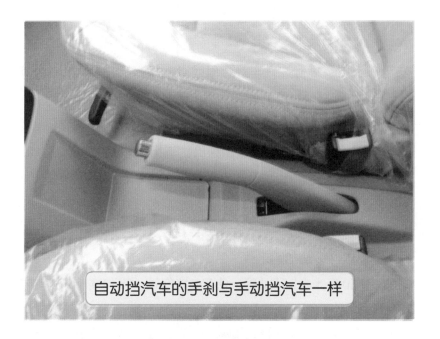

自动挡汽车的手刹与手动挡汽车一样

2.7 起步提速与加减挡

不同自动挡汽车的驾驶大同小异，这里简单介绍一下一般知识。

自动挡汽车的挡位排列

2.7.1　各挡位的作用与操作方法

P—驻车锁止挡：只有在汽车静止时才可以换入。在换入或换出前必须先按下锁止按钮。若发动机已启动，换出前还要踩下制动踏板。

N—空挡：车速低于5千米/小时或汽车静止且发动机已启动时，必须按下锁止按钮并踩下制动踏板才能从N挡换出。被拖车时使用N挡。

D—行车挡：一般道路上使用这个挡位。在这个挡位下变速箱会根据油门和车速自动在1～4四个前进挡之间进行高挡或低挡的切换。

如果车速无法超过60千米/小时，就要用低于D挡的一个挡位（3挡、2挡、1挡之一），这样可使加速迅速，且避免积炭的产生。

当车速超过60千米/小时以后，使用D挡行驶，不但省油，也不会有损加速性。

3挡、2挡、1挡，各挡位是指强制把变速器限制在某一挡位以下。比如3挡就是把变速器强制限制在4挡以下。

具体来说就是，

市区车速不快时，可将挡位放在2挡或3挡。

3挡用于丘陵等起伏的路段。此时4挡被锁止，汽车只能在1挡、2挡、3挡之间自动升挡或降挡。可以在松开油门时提高发动机的制动作用。

下长坡路时，应用2挡或1挡，利用发动机的牵制力控制车速。

2挡用于长山路行驶。此时3挡、4挡被锁止，汽车只能在1挡、2挡之间自动升挡或降挡。可以在松开油门时提高发动机的制动作用。

1挡用于陡峭山路行驶。此时2挡、3挡、4挡被锁止，汽车只能在1挡行驶，这时可以获得发动机的最大制动作用。要想换入这个挡位必须按下变速杆上的锁止按钮。

在山路行驶时，要依据情况使用2挡或1挡，除了可以维持强劲的扭矩输出外，发动机制动的效果可以避免过度使用刹车，能够确保行车安全。自动挡车的D挡不具备发动机制动的功能，并会随着下坡车速的增加不断向高速挡位变换，使车速越来越快，必须不停地使用刹车来控制车速，很容易使刹车因使用过度而产生高热衰减，这是非常危险的。

因此，驾驶自动挡汽车下长坡时，不可使用D挡。

R—倒挡：只有在汽车静止且发动机怠速运转时才能换入。必须按下锁止按钮并踩下制动踏板才能从P挡或N挡位置换入R挡。

倒车时，踩住刹车挂倒车挡。倒车时，建议将脚放在刹车踏板上，以控制车速。新手易把油门当刹车，千万小心！

2.7.2　起步

启动后等发动机怠速下降并稳定，水温表指示正常（非寒冷天气看到指针开始移动即可）以后，踩下刹车踏板，选择挂挡位R挡、D挡、3挡、2挡、1挡之一，松手刹和脚刹，汽车自动起步，再踩油门即可进入正常行驶状态。

慢慢踩踏油门踏板，速度会缓慢增加；用力踩踏油门踏板，速度会迅速增加；抬起油门踏板或踩踏制动踏板，速度会降低。也可以与速度相配合将变速杆挂到2挡或1挡，发挥发动机制动作用。

2.7.3　行驶

行驶中踩油门踏板加速，踩刹车踏板减速，如前所述挡位可自动变换。行驶中还可根据道路状况选择D挡、3挡、2挡、1挡之一。

发动机发动后，变速杆换入到D挡位置，抬起制动踏板，即使不踩踏油门踏板汽车也自动起步，叫滑移现象。如果发动机启动后马上打开空调器，因为发动机转速升高，滑移现象会更明显。

小技巧

自动挡踩一下松一下可以实现提前升挡。驾驶车辆起步后，很快挡位升入2挡，再稍微重踩油门踏板，当发动机转速超过2000转/分钟、速度约40千米/小时时，稍微松一下油门，变速箱就会提前升入3挡，再踩下油门至转速2000转/分钟、速度达到60千米/小时时，松开油门，变速箱就会提前升入4挡。

需要注意的是，实现提前升挡后，再踩油门时不可过大，否则变速箱会作出驾驶员需要急加速的判断，而当前挡位动力输出无法满足要求就会自动降回到较低挡位。

超车时用油门踏板控制车速就可以了。自动变速箱会根据踩油门踏板的程度来决定是否降挡，例如超车时，可以先松开油门踏板再一脚踩下去，这时变速箱会自动降1挡甚至2挡来满足驾驶员的动力要求，完成超车后松开油门踏板，挡位又会回到与当前速度合适的挡位，所以用油门踏板来控制就可以了。

2.7.4 停车

安全确认→开右转向灯→抬油门→靠右行驶→踩刹车→停车→拉起手刹→挂入P挡→关闭点火开关→松开刹车→取下钥匙→下车，锁车门。

停车时的原则：不动变速杆，用力踩踏制动踏板。

若是临时停车，如遇红灯时，不必将变速杆换入N挡（空挡），只需踩制动踏板即可。记住这种情况下千万不要拉手刹松制动，否则将对汽车产生损伤。而且这种情况下也只能通过踩制动踏板保持静止状态。注意临时停车时，若不换入N挡，必须踩制动踏板使汽车转入并保持静止状态，这时不能使用手刹维持静止状态，否则在松开制动踏板时及以后，将对汽车产生"疲劳损伤"，因为即使是怠速运转时驱动力也没有完全中断。

建议：等待时间超过1分钟建议挂在N挡，拉紧手刹。超过3分钟，建议挂P挡，拉紧手刹。

误挂N挡的处理方法：在行驶中不慎将变速杆拨到N挡上，只要松开油门，等到发动机转速降到怠速后，再换入D挡就行了。

注：个别自动挡汽车临时停车时要求不能挂N挡。买到新车时一定要先看说明书。

手自一体变速箱：总的来说和自动挡的基本一样，只是多个手动功能。它可以在D挡和手动挡之间来回变换，用手动挡时可根据车的速度加挡，踩刹车就自动减挡了。

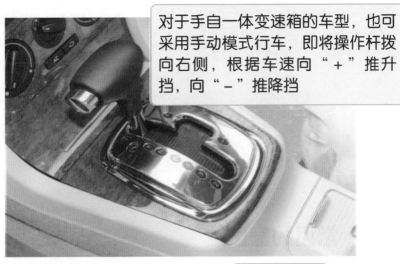

对于手自一体变速箱的车型，也可采用手动模式行车，即将操作杆拨向右侧，根据车速向"＋"推升挡，向"－"推降挡

手动挡挡位

自动挡挡位

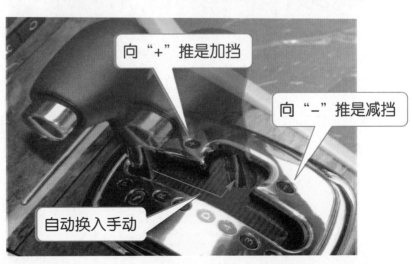

向"＋"推是加挡

向"－"推是减挡

自动换入手动

第 **3** 部分
行车时的视觉知识

3.1　常见的盲区

3.1.1　遮挡产生的盲区

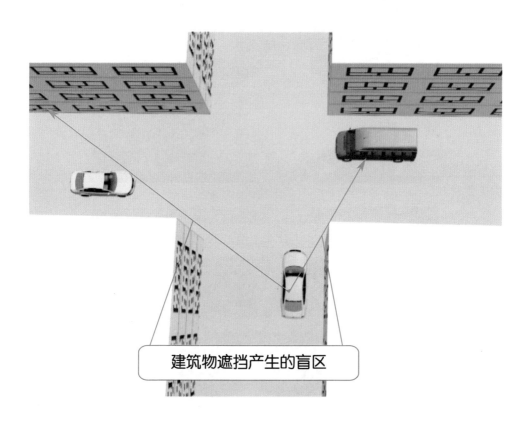

建筑物遮挡产生的盲区

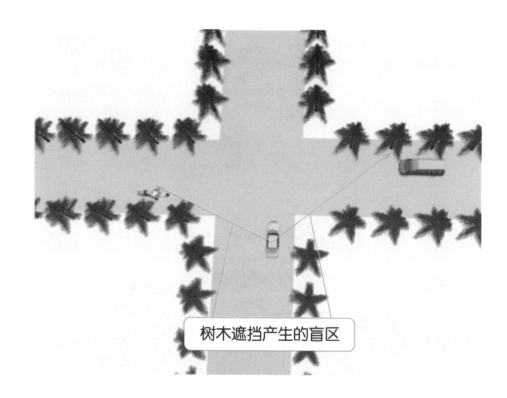

树木遮挡产生的盲区

山体遮挡产生的盲区，无法看到对方

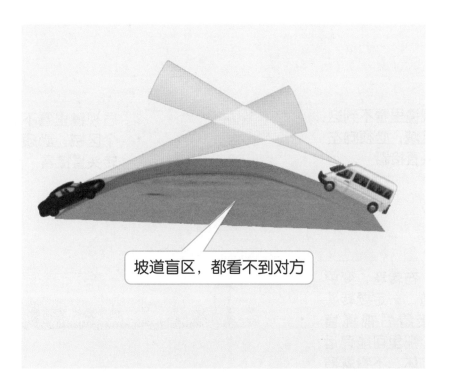

坡道盲区，都看不到对方

3.1.2 车体自身产生的盲区

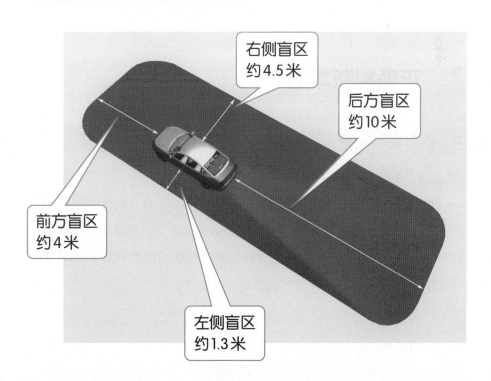

右侧盲区
约4.5米

后方盲区
约10米

前方盲区
约4米

左侧盲区
约1.3米

3.1.3　后视镜也有盲区

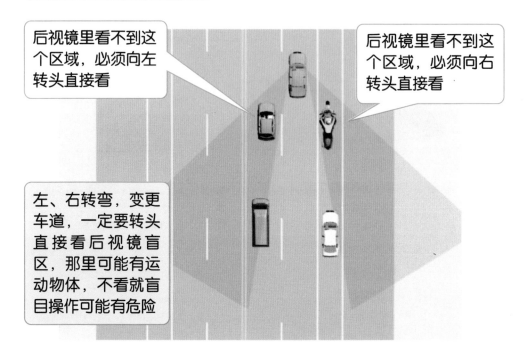

后视镜里看不到这个区域，必须向左转头直接看

后视镜里看不到这个区域，必须向右转头直接看

左、右转弯，变更车道，一定要转头直接看后视镜盲区，那里可能有运动物体，不看就盲目操作可能有危险

3.2　正确判断车距

3.2.1　近距离慢速跟车与停车场停车时正确判断车距的方法

车体自身产生的盲区的变化规律：

车头遮住前方物体的高度越高，距离就越近。如果前方物体是车辆，可以看前车尾部有特征的部位来大致判断车距，如看车底边，后保险杠的上、下沿，尾灯等部位。平时要注意观察这些部位的高度所对应的车距，不需要精确，只要确保安全即可。对于左右两侧来说，方法类似。

举例如下。

遮住后保险杠的下沿

车距约2米

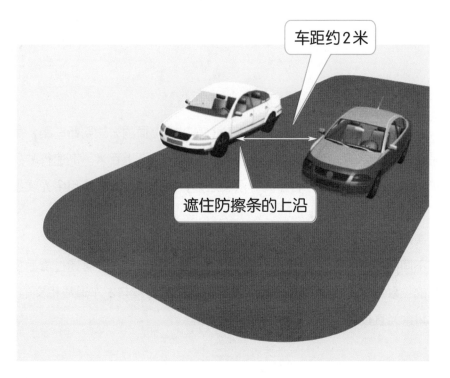

车距约2米

遮住防擦条的上沿

遮住车门上筋，
车距约0.8米

3.2.2 慢行与高速行驶观察车距的差别

　　缓慢行驶、近距离跟车或停车入位时可以按上面的方法判断车距，高速行驶时就没有必要了，因为安全距离要求在几十米甚至上百米。高速行驶只要判断车在车道中央行驶即可，目光必须看远处，附近的情况只能用余光观察。总看近处极易发生偏离，很危险！

　　高速行驶判断车辆横向位置的两种方法：

　　不同的车略有差别，不同的人看到的位置也略有差别，可通过看后视镜中车尾的位置把车摆在路中间，然后确定你看到的左框与左车道线相交的位置，以后用余光直接判断即可。

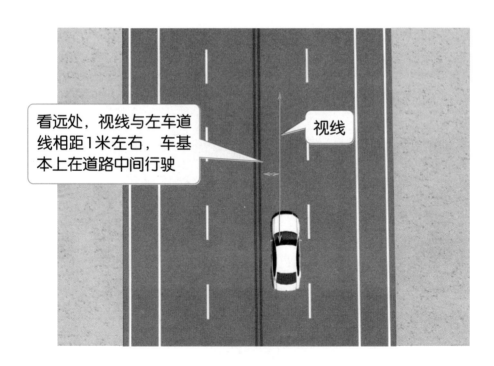

看远处，视线与左车道线相距1米左右，车基本上在道路中间行驶

视线

3.3 路面颜色与路面状况的关系

　　柏油路、砂石路、土路、积水路、戈壁路、雨后表面干燥的盐碱路、沼泽路，它们表面的颜色和亮度是不一样的。结有薄冰的路，路中的坑洞处，失去井盖的下水井口，被挖断或大水冲断处，颜色、亮度和正常路面都不一样。

从远处看道路中间的断槽几乎是难以察觉的一条线，高速行驶更难察觉。到了施工路段，暴雨过后有水流的地方，一定要慢行仔细观察

所以，在正常行驶的过程中，不论白天还是黑夜，如果发现前方路面颜色与通常路面颜色不同，说明路面状况发生了变化，要立即降低车速，仔细观察，可看同方向车辆驶过的情况，必要时可以停车下来观察，以免发生意外。

近处看道路中间的断槽很明显

第**4**部分
道路驾驶技巧

4.1　城乡道路的差别

（1）城市道路

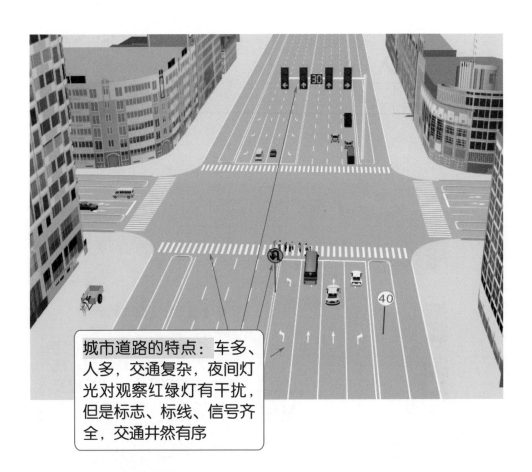

城市道路的特点：车多、人多，交通复杂，夜间灯光对观察红绿灯有干扰，但是标志、标线、信号齐全，交通井然有序

（2）乡村道路

4.2 汇入车流

扫一扫，观看动画演示视频

下面以出小区为例，说明汇入车流的方法。

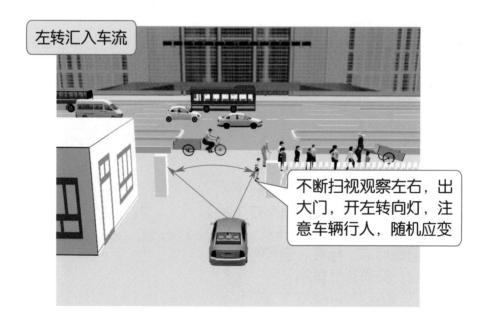

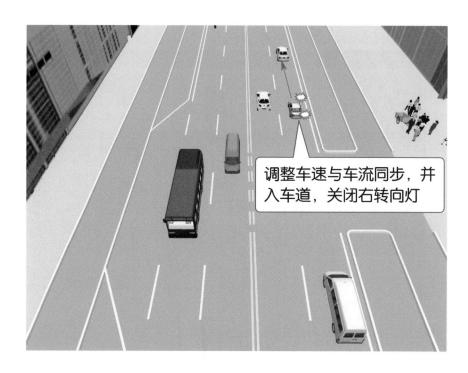

4.3 控制车速

调整车速范围不大时，只需通过控制油门来完成。速度改变较大时应换挡。

一般情况下可采用以下方法控制车速。

❶ 在城市拥挤的道路上，以下情况往往需要踩刹车。

红灯亮

前车制动

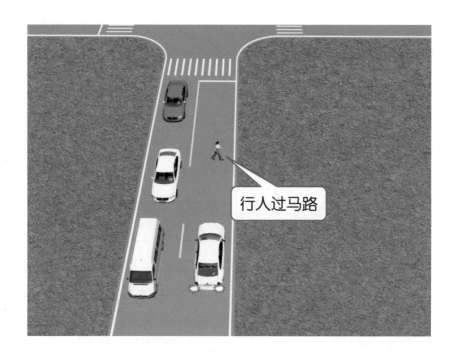

行人过马路

❷ 没有 ABS 的车辆，遇以上情况需要将车速降得较低时，可按下面的方法控制车速。

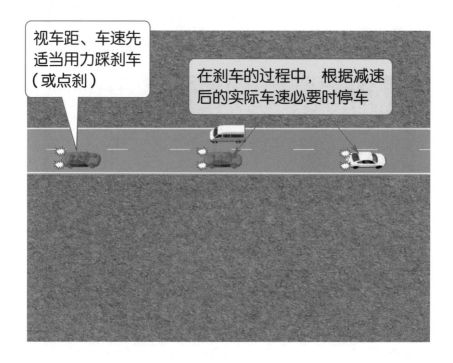

视车距、车速先适当用力踩刹车（或点刹）

在刹车的过程中，根据减速后的实际车速必要时停车

❸ 中低速行驶遇紧急情况时的紧急制动方法。

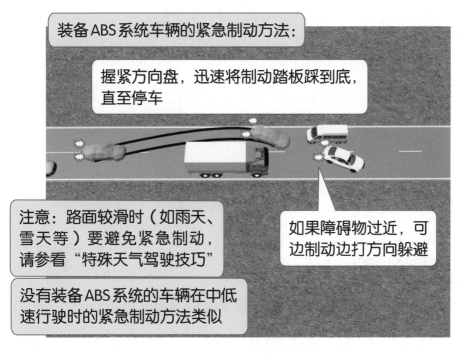

装备ABS系统车辆的紧急制动方法：

握紧方向盘，迅速将制动踏板踩到底，直至停车

注意：路面较滑时（如雨天、雪天等）要避免紧急制动，请参看"特殊天气驾驶技巧"

如果障碍物过近，可边制动边打方向躲避

没有装备ABS系统的车辆在中低速行驶时的紧急制动方法类似

❹ 没有装备ABS系统的车辆高速行驶时（车速高于60千米/小时）应采用下面的方法制动。

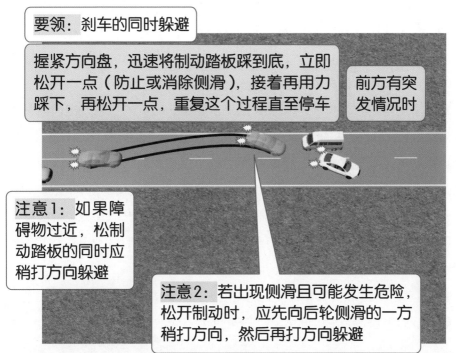

要领：刹车的同时躲避

握紧方向盘，迅速将制动踏板踩到底，立即松开一点（防止或消除侧滑），接着再用力踩下，再松开一点，重复这个过程直至停车

前方有突发情况时

注意1：如果障碍物过近，松制动踏板的同时应稍打方向躲避

注意2：若出现侧滑且可能发生危险，松开制动时，应先向后轮侧滑的一方稍打方向，然后再打方向躲避

行车中使用行车制动器的注意事项如下。

❶ 对于没有装备 ABS 系统的车辆，点刹（反复踩一下松一下）在任何时候都能使用，只是不同情况下"点"的力量和频率不同而已。车速快可"点"得重些、频率高些，车速慢可"点"得轻些、频率低些。若是装备 ABS 系统的车辆遇到紧急情况时必须用力把刹车踩到底，而且不要松开，同时注意控制好方向，千万别用点刹，否则 ABS 不仅不发挥作用，还容易发生危险。一般情况下视车速、车距适当用力踩住制动踏板不放松即可。装备 ABS 系统的车辆制动时会发出正常的噪声且制动踏板还会震颤，这都是正常的，不必害怕。

注意：NOTICE

　　ABS 系统的主要作用是防止车轮在急刹车时抱死导致车轮打滑，它不能缩短制动距离。而且装备 ABS 的车辆在松软或者凹凸不平的路面（如土、砂、戈壁、积雪路面）上制动距离比没有 ABS 的车辆更长。所以不管驾驶什么样的车必须与其他车辆保持足够的安全车距。

❷ 要尽量避免紧急制动。紧急制动易造成后车追尾，可能引起事故。路滑、高速行驶（速度在60千米/小时以上）时还易引起侧滑或甩尾，所以要提前做好预防，应尽量避免紧急制动。

避免急刹车的方法：准确观察并预见车流下一时刻的状态，提前做好思想准备（不是提前做动作），该慢的时候一定要慢，该快的时候一定要快，根据道路状况（车流的状况、路面摩擦力等）保持相应的安全跟车距离，可以最大限度避免急刹车。比如过路口前，要提前减速并观察其他交通参与者的行驶动态，有盲区时应想到可能有人或车或其他物体出现，雨、雪天适当增加跟车距离，一定要慢行，从而给刹车或避让留下充足的时间和空间，这样遇情况时自然就会从容不迫了。

❸ 请牢记：遇紧急情况时应先制动后方向（躲避）。

❹ 进入弯道前要提前制动，使车速降至安全速度以下，不要在转弯时

制动，以免发生侧滑，必须制动时只能轻踩制动踏板或使用点刹。

❺ 除急刹车外平时也要注意练习踩刹车的力度。理想的刹车力度是由轻变重，然后由重变轻，反复进行，到达目的地前逐渐减轻踩踏，待车辆停止的瞬间，让刹车力度刚好变为零，停的瞬间再立即踩下。上、下坡停车应在车辆停稳的瞬间立即踩死刹车。

4.4　跟车

扫一扫，观看动画演示视频

往前多看
几辆车的
行驶状况

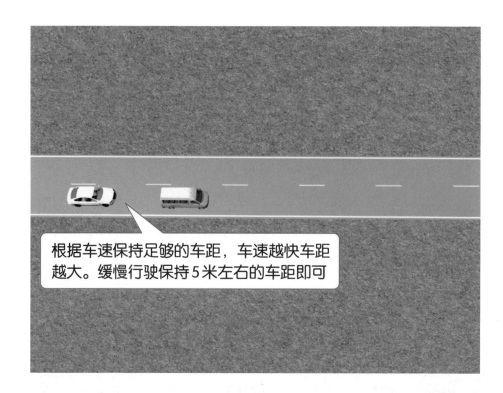

根据车速保持足够的车距，车速越快车距越大。缓慢行驶保持5米左右的车距即可

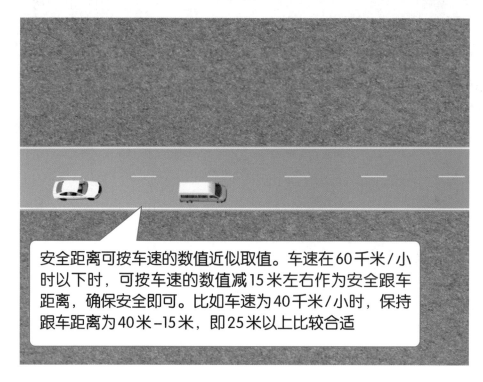

安全距离可按车速的数值近似取值。车速在60千米/小时以下时，可按车速的数值减15米左右作为安全跟车距离，确保安全即可。比如车速为40千米/小时，保持跟车距离为40米–15米，即25米以上比较合适

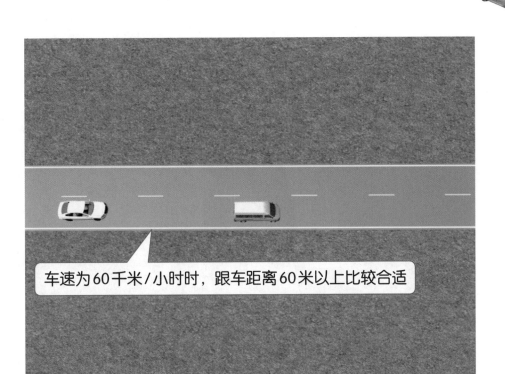

车速为60千米/小时时，跟车距离60米以上比较合适

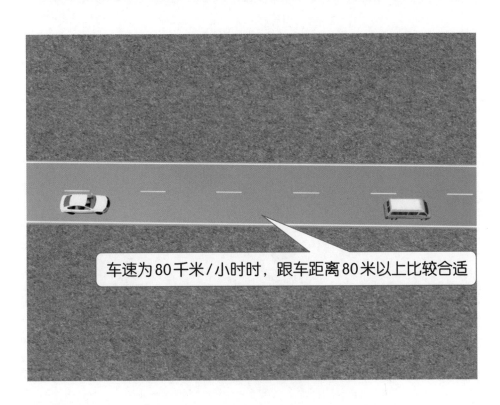

车速为80千米/小时时，跟车距离80米以上比较合适

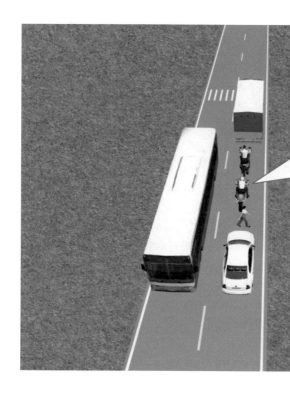

在人车混杂的狭窄道路上，以30千米/小时的速度行驶就很危险，车速应降至15千米/小时以下

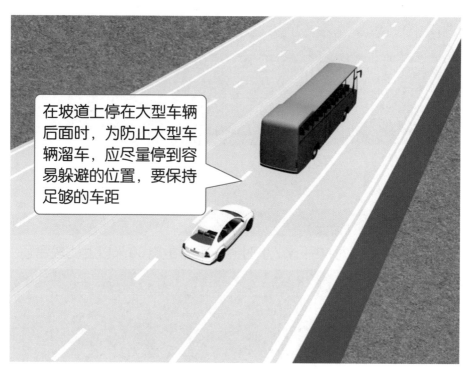

在坡道上停在大型车辆后面时，为防止大型车辆溜车，应尽量停到容易躲避的位置，要保持足够的车距

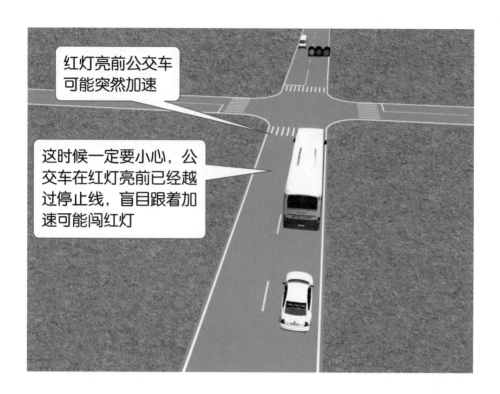

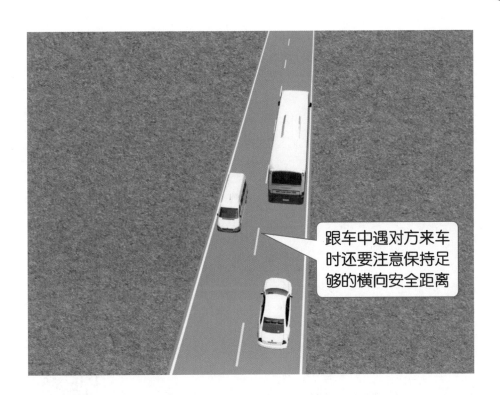

跟车中遇对方来车时还要注意保持足够的横向安全距离

前车刹车时要及时刹车

4.5　会车

扫一扫，观看动画演示视频

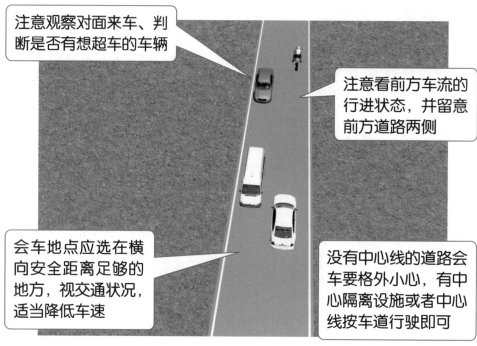

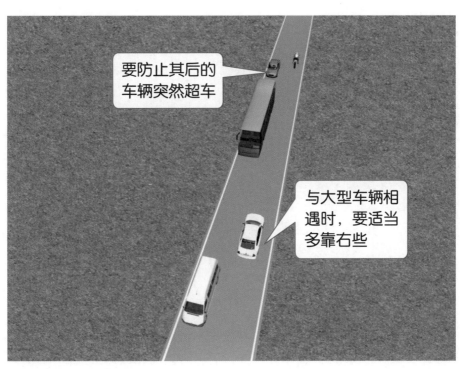

大车后可能会有人突然
横过马路，所以会车时
减速很有必要

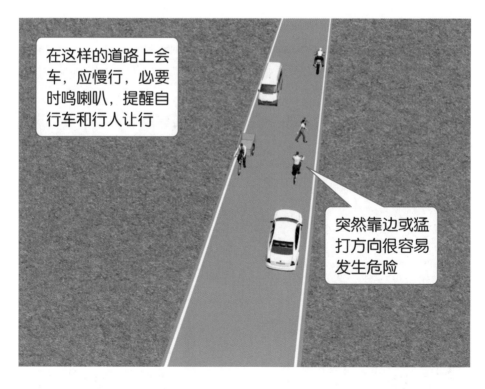

在这样的道路上会
车，应慢行，必要
时鸣喇叭，提醒自
行车和行人让行

突然靠边或猛
打方向很容易
发生危险

汽车驾驶全程图解

自动挡：配动画视频版

会车中不能只顾左侧，也要仔细观察右侧，以确保右侧安全

4.6　超车与让超车

扫一扫，观看动画演示视频

　　<u>超车条件</u>：应在道路宽阔、视线良好，左方车道没有来车，被超车辆车速不快，行驶正常的情况下进行。据专家测试，超车时与对面来车的安全距离近似取为超车时车速值的6倍以上。如超车车速为50千米/小时，与对面来车的安全距离为300米以上。

　　雨雾或大风天气，视线不清，拖拉损坏车辆时，不要超车。强行超越或超车方法不当，易发生事故。

　　超车过程如以下各图所示。

通过内后视镜确认后方的安全，如后方车辆是否准备超车或正在超越

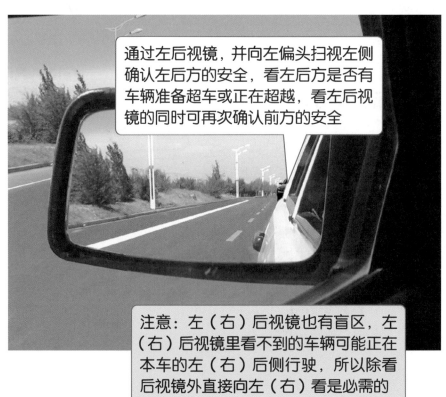

通过左后视镜，并向左偏头扫视左侧确认左后方的安全，看左后方是否有车辆准备超车或正在超越，看左后视镜的同时可再次确认前方的安全

注意：左（右）后视镜也有盲区，左（右）后视镜里看不到的车辆可能正在本车的左（右）后侧行驶，所以除看后视镜外直接向左（右）看是必需的

适当留意右后视镜（看是否有车辆从右侧超车、右方是否有摩托车超越等）

开左转向灯（3秒以上），在非禁止鸣喇叭地段，可同时鸣喇叭，加速的同时逐渐转向，进入左方车道后，保持横向安全距离继续加速行驶

并行时注意用余光（或略向右转头）确认右方的安全

超越后开右转向灯（3秒以上），在右后视镜里看到被超车的全部之后，通过右后视镜确认后方安全距离足够之后，慢慢回到右方车道

关闭右转向灯，降速，进入正常行驶状态

避开前方障碍物时可参照超车的方法操作。

小知识

车距越大，后视镜中的车影越小，看后视镜中车影的大小可判断车距。平时驾车时可参照路边的电线杆确定车距，然后看后视镜中对应车影的大小。

超车注意事项如以下各图所示。

后方车辆已开始或正在超车时不要超车

前车正在超车时不要超车

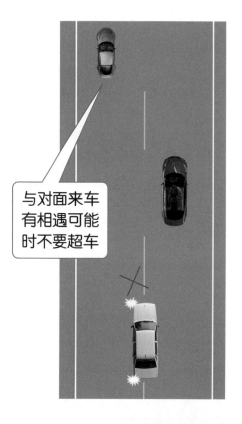

与对面来车有相遇可能时不要超车

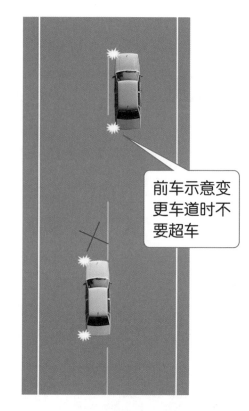

前车示意变更车道时不要超车

前车示意左转或掉头时不要超车

超越停驶的车辆时，要防止停驶车辆突然起步驶入车道

注意: NOTICE

　　不得超越执行紧急任务的警车、消防车、救护车、工程救险车；行经铁路道口、交叉路口、窄桥、弯道、陡坡、隧道、人行横道、市区交通流量大的路段等没有超车条件的路段不得超车。

　　让超车注意事项如以下各图所示。

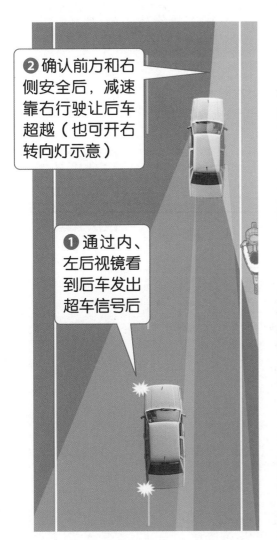

❷ 确认前方和右侧安全后，减速靠右行驶让后车超越（也可开右转向灯示意）

❶ 通过内、左后视镜看到后车发出超车信号后

后车超越后，注意看左、内后视镜，如有连续超越的车辆继续让超

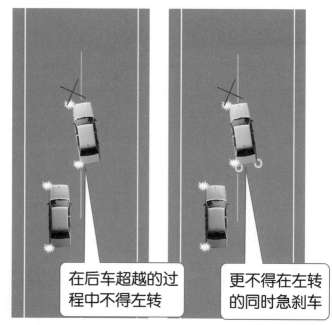

如无，即可驶入正常路线

在后车超越的过程中不得左转

更不得在左转的同时急刹车

4.7　变道（并线）

扫一扫，观看动画演示视频

开左转向灯，通过左后视镜观察左后方，确认是否安全

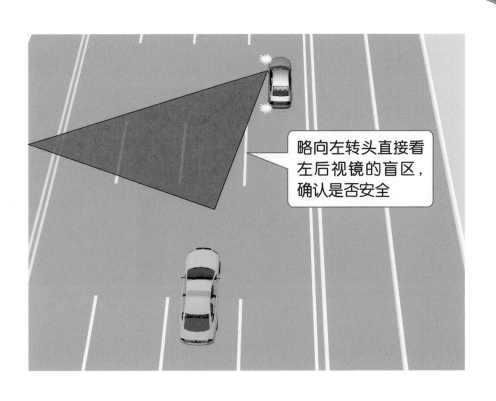

略向左转头直接看左后视镜的盲区，确认是否安全

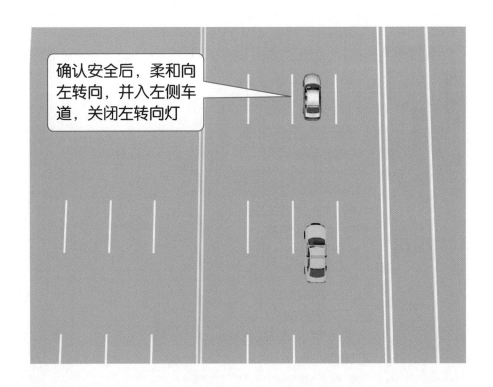

确认安全后，柔和向左转向，并入左侧车道，关闭左转向灯

连续变换车道方法如下。

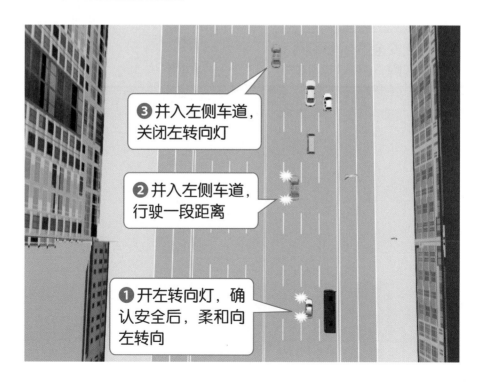

4.8 通过有信号灯控制的交叉路口

（1）一般注意事项

汽车驾驶全程图解

自动挡··配动画视频版

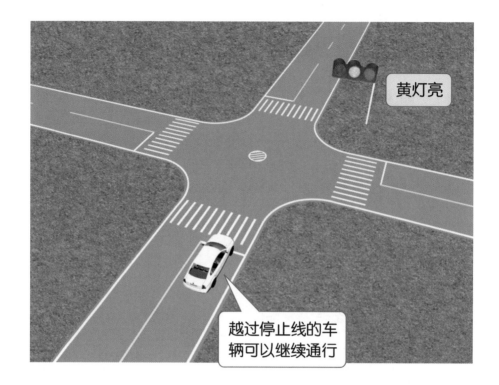

黄灯亮

越过停止线的车辆可以继续通行

（2）直行

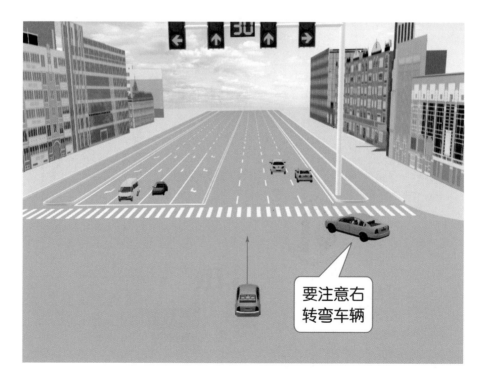

要注意右转弯车辆

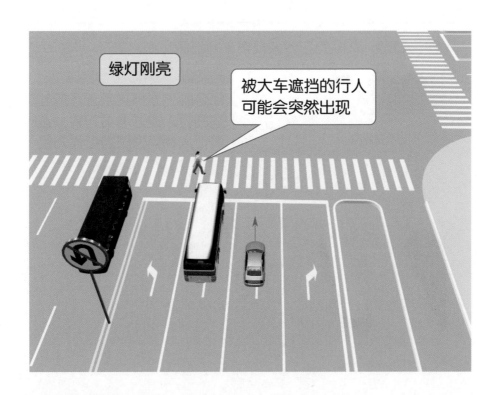

汽车驾驶全程图解 自动挡…配动画视频版

（3）右转弯

如果有车道信号灯，则应按车道信号灯的控制进行右转。

没有车道信号灯控制的路口，绿灯、红灯都可以右转弯。

❶ 绿灯亮时的右转方法如下。

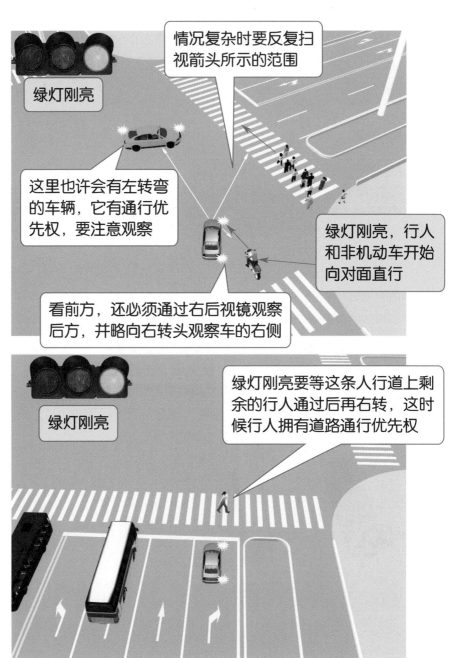

情况复杂时要反复扫视箭头所示的范围

绿灯刚亮

这里也许会有左转弯的车辆，它有通行优先权，要注意观察

绿灯刚亮，行人和非机动车开始向对面直行

看前方，还必须通过右后视镜观察后方，并略向右转头观察车的右侧

绿灯刚亮要等这条人行道上剩余的行人通过后再右转，这时候行人拥有道路通行优先权

绿灯刚亮

❷ 红灯亮时的右转方法如下。

红灯亮

直行车辆拥有通行优先权

红灯亮

等它们通过后再继续右转

（4）左转弯

无论有没有车道信号灯的控制，只有绿灯亮时才能左转弯。

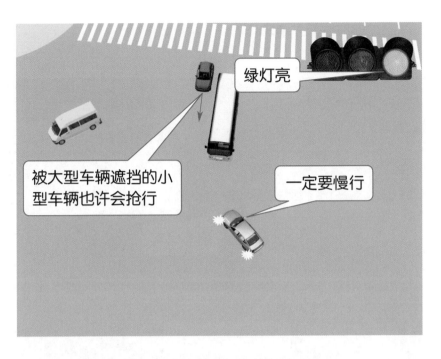

　　如果有车道信号灯控制，即使分配了专门的左转弯通行时间，也要仔细观察，不要因"其他方向一定不会有其他人通过"的想法而疏于观察，一旦有违法车辆、行人通过，可能会酿成恶果。

（5）过路口时遇前方堵车

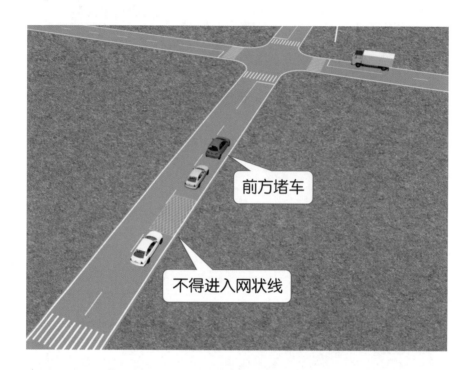

前方堵车

不得进入网状线

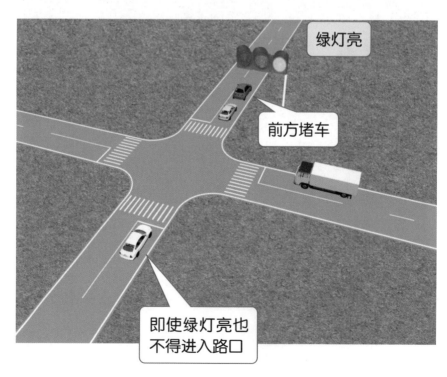

绿灯亮

前方堵车

即使绿灯亮也
不得进入路口

（6）预测信号灯

红灯亮

离路口比较远，可以减速行驶，到路口可以赶上绿灯亮

绿灯亮

离路口比较远，到路口可能赶上红灯亮，要注意控制车速。如果是绿灯刚亮加速也许可以通过，如果已经亮了一段时间，应减速

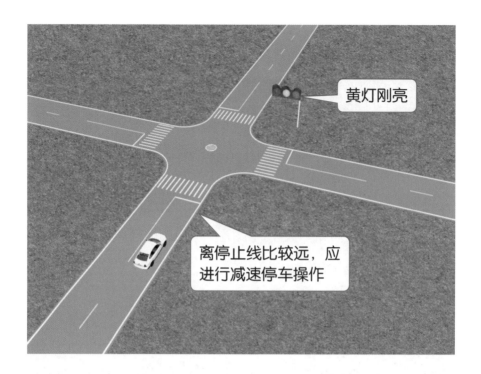

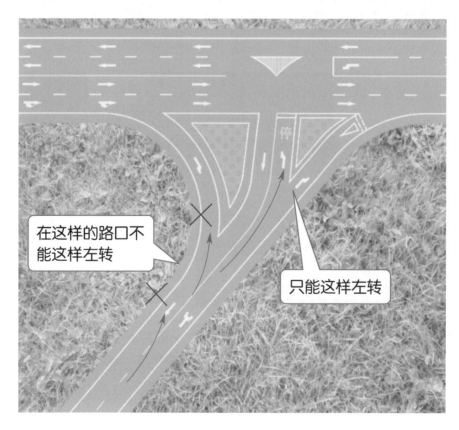

4.9 通过无信号灯控制的交叉路口

左转弯车有
优先通行权

等它通过后
再继续右转

4.10　倒车

注意: NOTICE

　　不同的身高，同一人不同的坐姿观察到的位置都有差别，这里只是示范方法，不要照搬。

　　看后视镜确定车尾位置的方法。

在与车尾平齐处画一条线

按正常驾驶姿势无法看到所画的那条线

这是后门把手

在后视镜里看不到白线，也可调整后视镜，直到看到后方的白线。

倒车有看后车窗倒车、伸出头看左后方倒车（不推荐）和看后视镜倒车三种方法。倒车时挂倒挡，控制车速，不要超过5千米/小时。

（1）直线倒车

看后车窗倒车：为了保证沿直线后倒，注视后车窗倒车时要选好后方的参照点。如路沿、路面实线、虚线等和后挡风玻璃下边的交点。在其他情况下，车库门边框、路边树木等都可选作参照物，以方便、安全为选取原则。

路边、路上的线条在后窗的位置不变，说明车辆在直线后倒，如后窗相对这些参照物转动，说明方向偏斜需调整

看后车窗沿直线后倒

头伸出窗外直接注视侧后方倒车（一般不推荐此法）

看左、中、右三后视镜倒车，路况复杂时，要反复看它们

注意：NOTICE

　　当路上的线条、路边沿和车身平行时，在左或右后视镜中看到的影像并不平行，而是车身前面的路面略宽，车尾的路面略窄。后倒时，如果车身相对它们不旋转，说明车身和它们是平行的。

车尾的路面略窄

车身和路上的白实线平行时，镜中的影像：

车前面的路面略宽

（2）转弯倒车

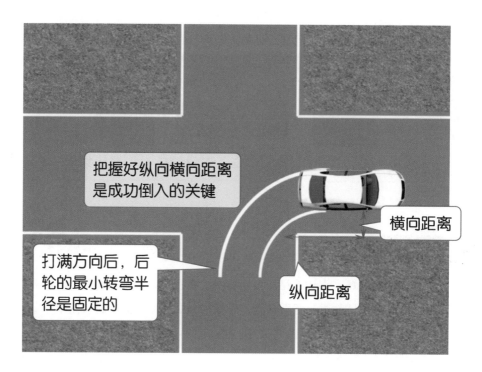

把握好纵向横向距离是成功倒入的关键

横向距离

打满方向后，后轮的最小转弯半径是固定的

纵向距离

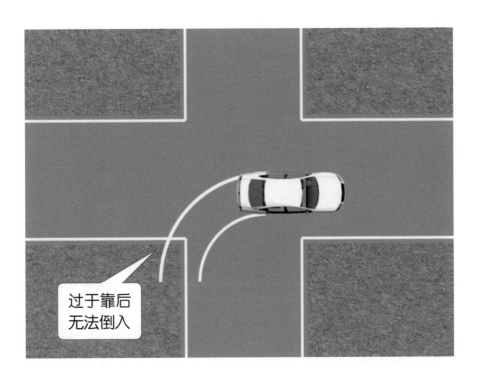

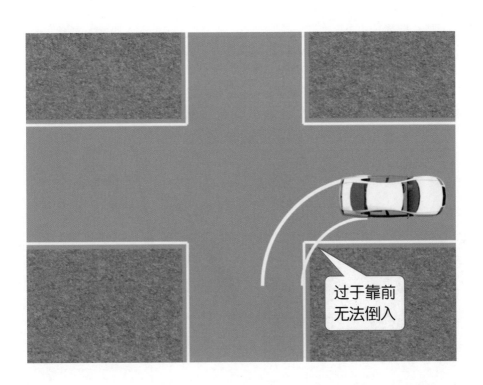

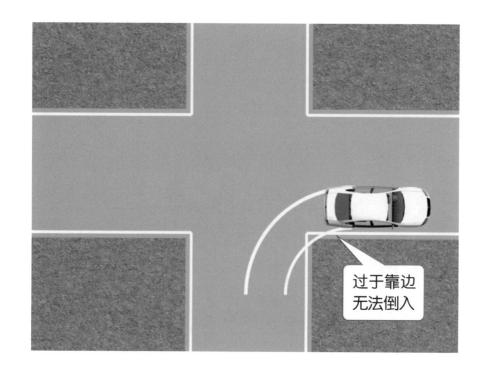

过于靠边
无法倒入

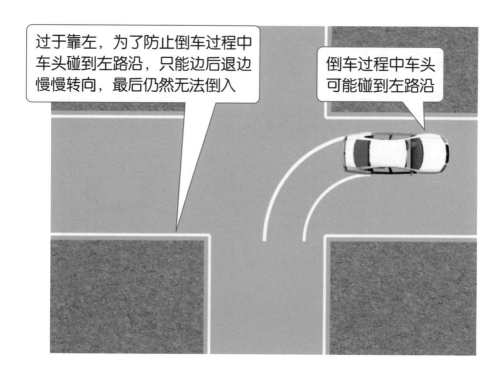

过于靠左，为了防止倒车过程中
车头碰到左路沿，只能边后退边
慢慢转向，最后仍然无法倒入

倒车过程中车头
可能碰到左路沿

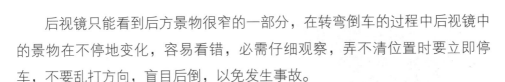

后视镜只能看到后方景物很窄的一部分，在转弯倒车的过程中后视镜中的景物在不停地变化，容易看错，必需仔细观察，弄不清位置时要立即停车，不要乱打方向，盲目后倒，以免发生事故。

下面是右转弯倒入路口时观察后视镜中景物的实例。

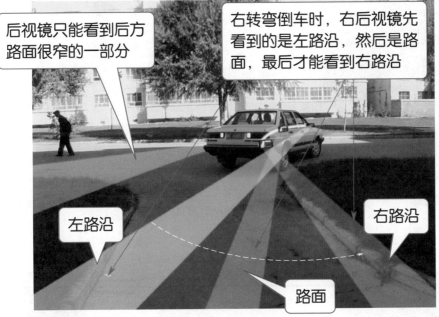

后视镜只能看到后方路面很窄的一部分

右转弯倒车时，右后视镜先看到的是左路沿，然后是路面，最后才能看到右路沿

左路沿

右路沿

路面

右转弯倒入路口

左后视镜里看到的是左路沿的拐弯处

纵向横向距离合适，可以倒入

车转到这个角度时，右后视镜里看到的是左路沿的直线部分

在上图的位置时，右后视镜里看到的是左路沿

左后视镜里看到的是左路沿的拐弯处

内后视镜是看不到左路沿的

转到这个角度时，
右后视镜里看到的
是这部分路面

左转弯倒车如下。

可以看左后视镜倒车，景物变化规律与右转弯倒车类似

转到这个角度时，左后视镜里看到的是左弯

左后视镜里看到的是左弯

右后视镜里看到的是右路沿

　　当在左后视镜中看到左路沿相对于车身的位置后面略宽前面略窄时，就应回方向；当前面略宽后面略窄时，稳住方向；如果车尾相对左路沿不再转动，说明已在直线后倒，若旋转，可转动方向盘调整方向，要少打少回。

　　看后视镜倒车时，情况复杂时要反复看左、内、右三个后视镜。

尽量不要将头伸出左窗外直接注视左后方倒车，以免发生危险

倒车时一定要细心观察，尤其是转弯倒车时，不要因打反方向而撞上路边的电线杆、矮桩子等物体，搞不清方向时，立即停车，必要时下车观察，弄清方向后，再向后倒车

4.11 掉头

扫一扫，观看动画演示视频

在宽阔的路段，开左转向灯，确认前后安全，一次即可完成掉头，车横在路中间时一定要看左右两侧道路的情况。

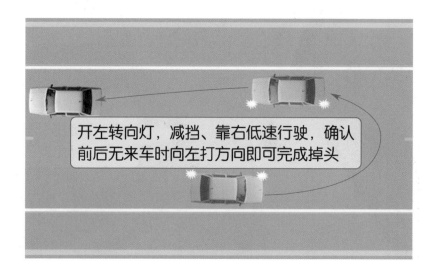

开左转向灯，减挡、靠右低速行驶，确认前后无来车时向左打方向即可完成掉头

实际驾驶中经常需要在胡同、乡村等地的狭窄道路上掉头。

狭窄公路掉头中进退时准确判断车轮既靠近路边又不驶出路面是减少进退次数的关键。对一般小型车辆来说，对于双车道公路，两进一退就可以完成掉头。过窄的路需要三进两退，或更多次的进、退才能完成。下面是6米窄路三进两退掉头的例子。

按前面介绍的确定横向位置的方法，让车贴近路边行驶，挂D挡，开左转向灯，确认前后安全后，迅速向左打满方向

一进

左前轮接近路沿时迅速向右回方向，尽量多回

为了防止车辆驶出路面，车头离路沿较远时就应将右脚置于刹车踏板上，不要踩

一进

注意：左前轮接近路沿时每个人看到的路沿的位置都有些差别，记住你自己看到的位置

这时候在车内看路沿大致在这个位置

一进

左前轮贴近
路沿时停车

一进

注意：左前轮贴近路沿时每个人
看到的路沿的位置都有些差别，
记住你自己看到的位置

这时候在车内看路
沿大致在这个位置

一退

挂倒挡，起步后迅速向右打满方向，不熟练时可先向右打满方向然后再起步

为了防止车辆退出路面，车尾离路沿较远时就应将右脚置于刹车踏板上，不要踩

右后轮接近路沿时迅速向左回方向，尽量多回

一退

注意：右后轮接近路沿时每个人在右后视镜内看到的路沿的位置都有些差别，记住你自己看到的位置

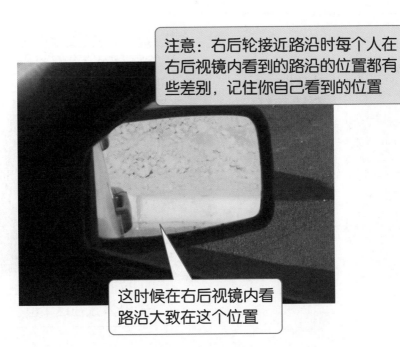

这时候在右后视镜内看路沿大致在这个位置

一退

右后轮贴近路沿时停车

一退

注意：右后轮贴近路沿时每个人在右后视镜内看到的路沿的位置都有些差别，记住你自己看到的位置

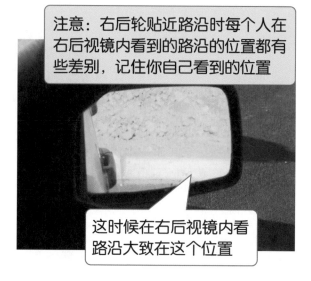

这时候在右后视镜内看路沿大致在这个位置

二进

挂D挡，开左转向灯，确认道路左右安全后，迅速向左打满方向，右前轮接近路沿时迅速向右回方向

二进

注意：右前轮接近路沿时每个人看到的路沿的位置都有些差别，记住你自己看到的位置

这时候在车内看路沿大致在这个位置

二进

右前轮贴近路沿时停车

二进

注意：右前轮贴近路沿时每个人看到的路沿的位置都有些差别，记住你自己看到的位置

这时候在车内看路沿大致在这个位置

二退

挂倒挡，起步后迅速向右打满方向，左后轮接近路沿时迅速向左回方向

二退

注意：左后轮接近路沿时每个人在左后视镜内看到的路沿的位置都有些差别，记住你自己看到的位置

这时候在左后视镜内看路沿大致在这个位置

二退

左后轮贴近路沿时停车

二退

注意：左后轮接近路沿时每个人在左后视镜内看到的路沿的位置都有些差别，记住你自己看到的位置

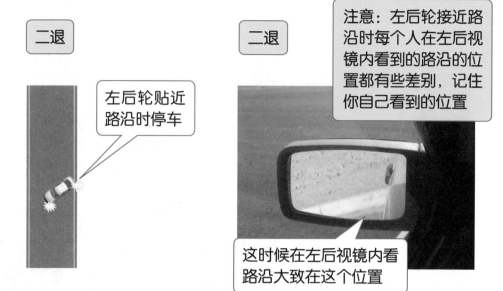

这时候在左后视镜内看路沿大致在这个位置

三进

挂 D 挡，起步后迅速向左适当打方向

三进

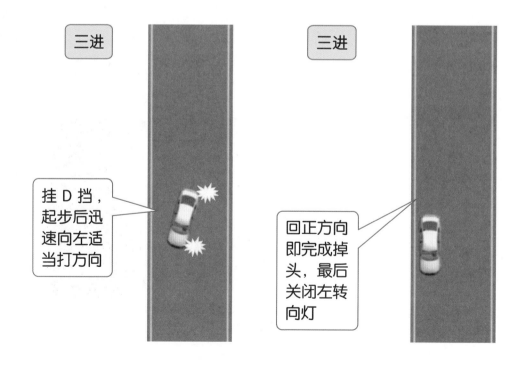

回正方向即完成掉头，最后关闭左转向灯

4.12　坡道通行

4.12.1　上下坡速度的控制

上长陡坡时，用D挡车辆可能会反复自动换挡，车速时快时慢，会加速变速箱的磨损和积炭的产生。这时应用2挡或者1挡爬坡，爬完后再挂D挡行驶。

下坡时，不要一直用踩制动的方式来控制车速，应采用制动器和低挡联合制动的方式，以减少制动器的磨损。下长陡坡时视车速挂限制挡3、2、1之一（下小坡就没有必要这么操作了）可以利用发动机的制动作用。在自动挡D挡时发动机是没有制动作用的，它只会越滑越快。

4.12.2　坡道停车与起步

起步不要忘记开左转向灯，看前方和三个后视镜，看左后视镜为主，起步后关左转向灯。停车不要忘记开右转向灯，看前方和三个后视镜，看右后视镜为主，停好后不要忘记关右转向灯。

❶ 在坡道停车的时候，先踩行车制动器踏板使车停稳，挂入N挡。

❷ 拉紧驻车制动器，松开行车制动器踏板。

❸ 待车辆停稳后，再挂入P挡。

❹ 按从缓到陡的程度，选挂限制挡3、2、1之一起步。缓坡用D挡起步也可。

❺ 上坡路起步防止溜车的方法如下。

方法一：踩行车制动器踏板，挂限制挡3、2、1之一（缓坡可挂D挡），等一会儿，迅速抬起行车制动器踏板，加油门起步；或用左脚踩刹车，挂限制挡，然后采用左脚边松行车制动器踏板右脚边加油的方法起步。

方法二：拉紧手刹，踩制动踏板，挂限制挡3、2、1之一（缓坡可挂D挡），等一会儿，再抬刹车，适当加油起步的同时，放松手刹。

下坡起步按平路起步的操作顺序进行。

下坡时，汽车有下滑的趋势，所以下坡起步时应注意以下几点。

下坡起步

❶ 视坡度的大小，挂入合适的挡位（挂限制挡3、2、1之一）进行起步，严禁N（空）挡滑车起步，以免越滑越快。

❷ 下坡起步时，松开手刹后车辆就会下溜自动起步，所以油门不可太大，有时可以不加油。

❸ 如需控制车速，可适当踩刹车。如果需要以很慢的速度行车，如通过地下停车场的入口通道时，可用刹车控制行车速度，快到坡底时视车速减轻踩制动踏板的力量，到平路上再彻底松开制动踏板，靠油门控制行车速度。

坡道行车时应注意以下几点。

❶ 在坡道转弯处要减速鸣喇叭，靠右行驶。

❷ 下坡不能熄火或空挡滑行。

❸ 不要跟车太近。上坡时跟车距离要适当加大，下坡应更大些。

❹ 在下坡路的尽头如有桥梁应提前降低车速，平稳通过。

当坡道短而不陡，路面又平坦时，应利用惯性冲上去，但时速一般不要超过50千米/小时，将要驶到坡顶时收油门减速，靠右行、鸣喇叭，夜间要用灯光告诉来车，以免与来车相撞。

4.12.3 沿上下坡方向倒车

（1）沿上坡方向倒车

倒车方向沿坡面向上。

　　沿上坡方向倒车的方法与上坡起步的操作方法类似，不同之处是这里需要挂倒挡。起步后适当加油后倒即可。

（2）沿下坡方向倒车

　　倒车方向沿坡面向下。

　　沿下坡方向倒车，需要挂倒挡。松开制动后车辆会向后溜滑，起步一般

不需要加油。可先踏下制动踏板，然后放松手刹，根据坡度大小松抬制动器踏板，并利用制动器控制倒车速度。倒至预定位置后，踏死制动器踏板使车辆平稳停住，拉紧手刹，挂空挡。如果车轮刚好处于坡道的洼坑处，不加油无法起步时，可采用坡道起步的方法起步，起步后一旦驶出洼坑右脚应迅速松开油门并移到制动踏板上，适当踩踏以控制倒车速度。

如果需要以很慢的速度倒车，可用力踩行车制动器控制倒车速度。

4.13　弯道与狭窄路口通行

扫一扫，观看动画演示视频

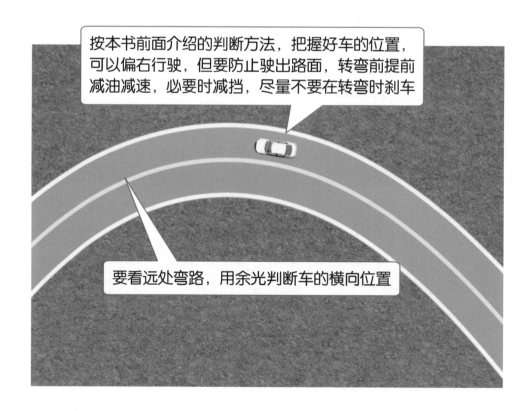

按本书前面介绍的判断方法，把握好车的位置，可以偏右行驶，但要防止驶出路面，转弯前提前减油减速，必要时减挡，尽量不要在转弯时刹车

要看远处弯路，用余光判断车的横向位置

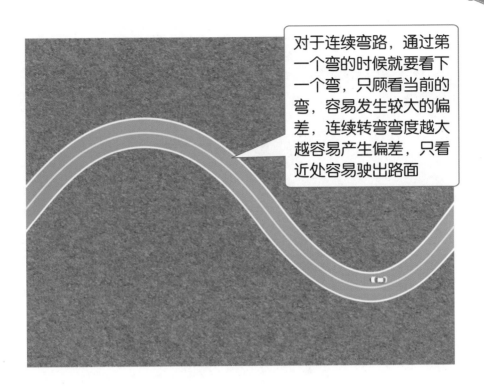

通过狭窄路口的注意事项如下。

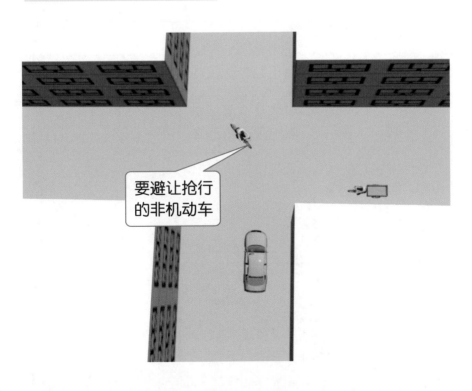

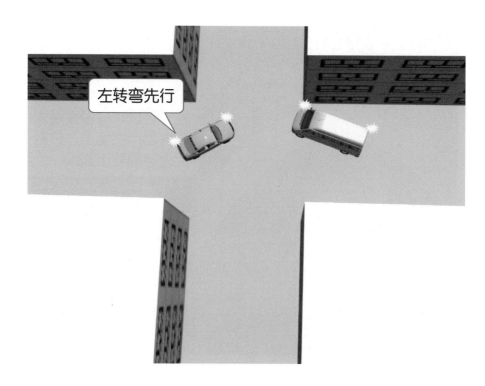

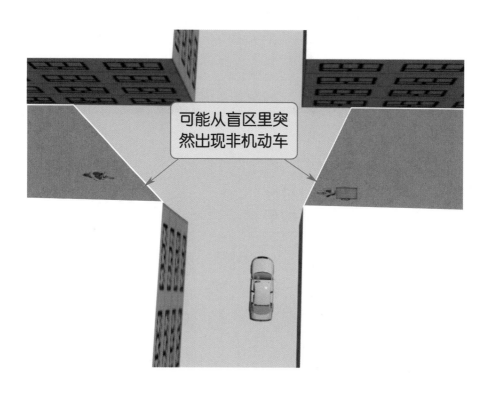

汽车驾驶全程图解

自动挡：配动画视频版

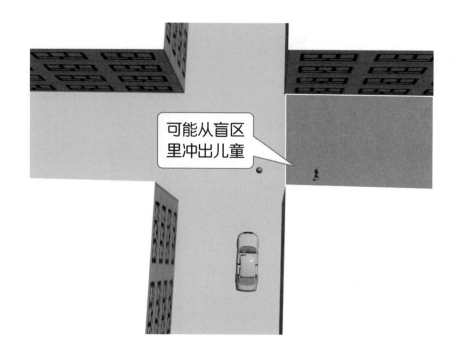

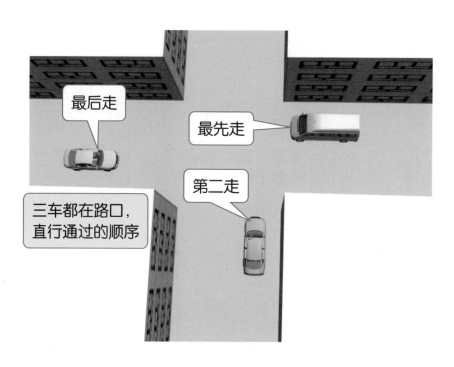

直行优先，但要注意避让抢行的转弯车辆

4.14 环岛通行

扫一扫，观看动画演示视频

环岛的形式如下。

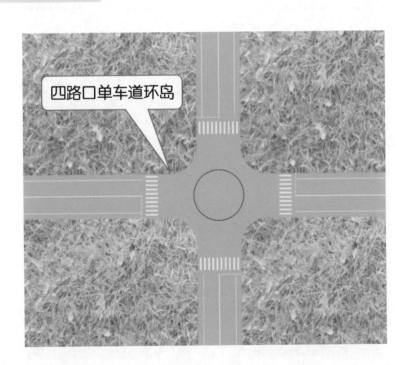

四路口单车道环岛

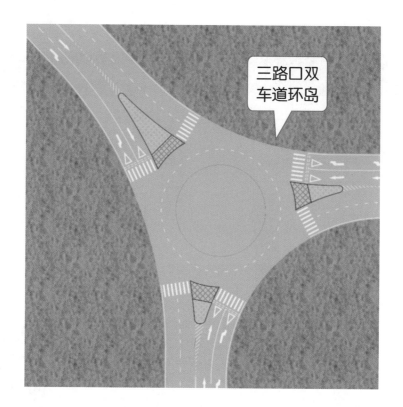

三路口双车道环岛

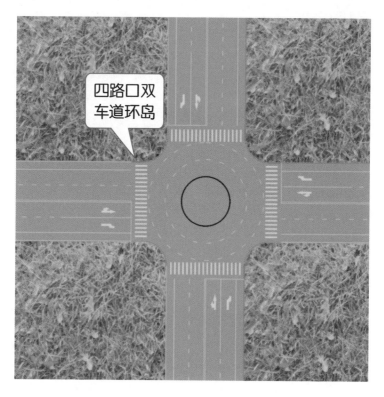

四路口双车道环岛

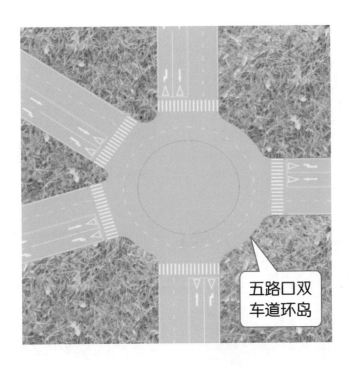

五路口双车道环岛

入岛的车辆要让岛内的车辆先行。转向灯的使用：右转弯时右灯进右灯出，其他路口则是左灯进右灯出。对于双车道环岛：小车可以直接进入内侧车道。

下面以驶向右转以外的路口为例说明通行方法。

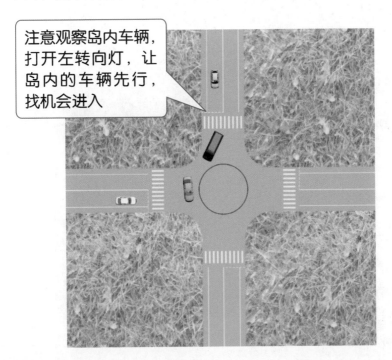

注意观察岛内车辆，打开左转向灯，让岛内的车辆先行，找机会进入

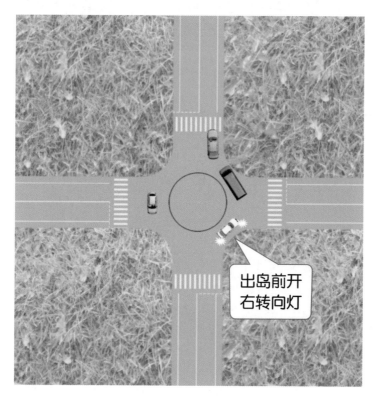

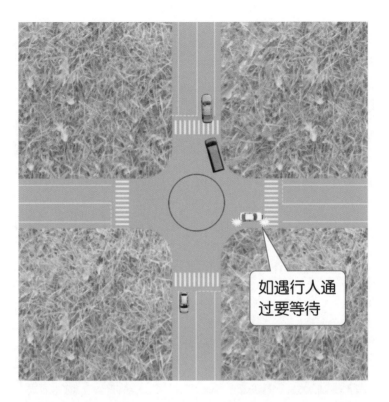

如遇行人通过要等待

出岛后关闭右转向灯

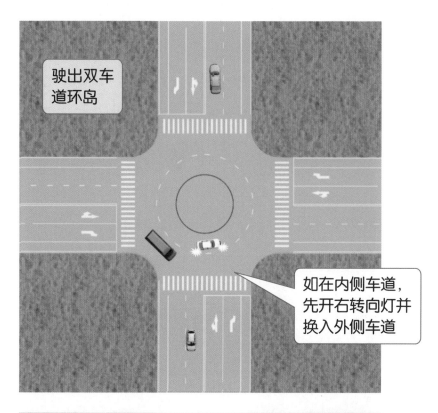

驶出双车道环岛

如在内侧车道，先开右转向灯并换入外侧车道

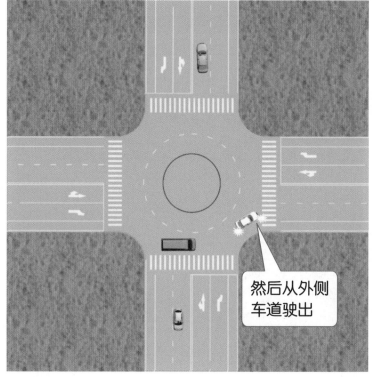

然后从外侧车道驶出

4.15　立交桥通行

扫一扫，观看动画演示视频

4.15.1　常见的立交桥及通行方法

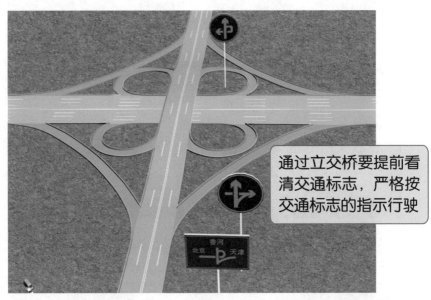

通过立交桥要提前看清交通标志，严格按交通标志的指示行驶

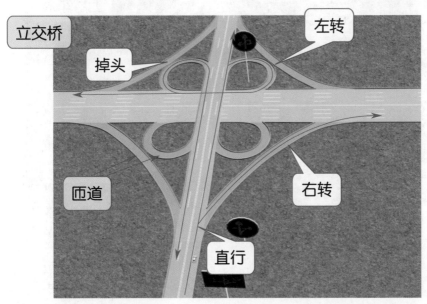

立交桥

掉头

左转

右转

匝道

直行

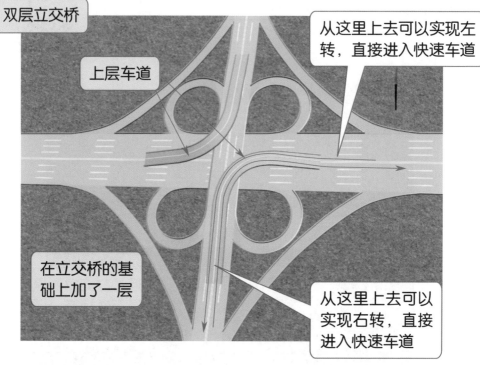

双层立交桥

上层车道

从这里上去可以实现左转，直接进入快速车道

在立交桥的基础上加了一层

从这里上去可以实现右转，直接进入快速车道

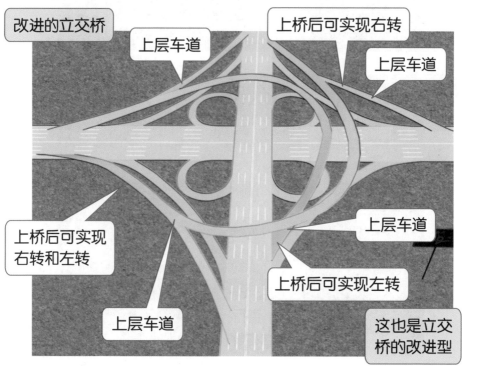

改进的立交桥

上层车道

上桥后可实现右转

上层车道

上层车道

上桥后可实现右转和左转

上桥后可实现左转

上层车道

这也是立交桥的改进型

4.15.2 匝道行驶

进出立交桥或高速公路需要通过匝道来完成，为了安全，进出匝道前要开转向灯3秒以上。

下面以右转弯由匝道进入主路为例介绍匝道行驶的方法。

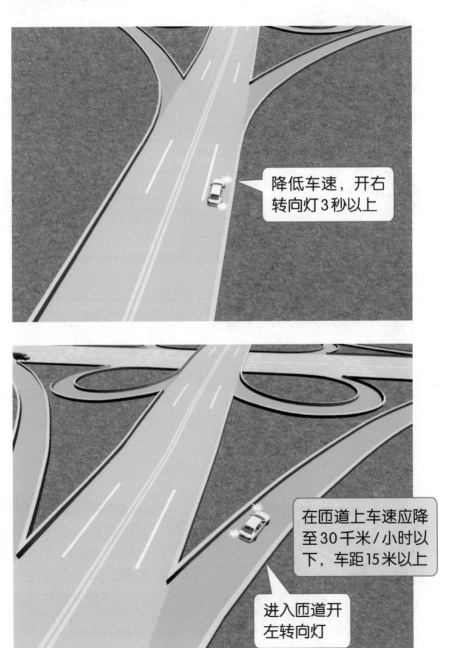

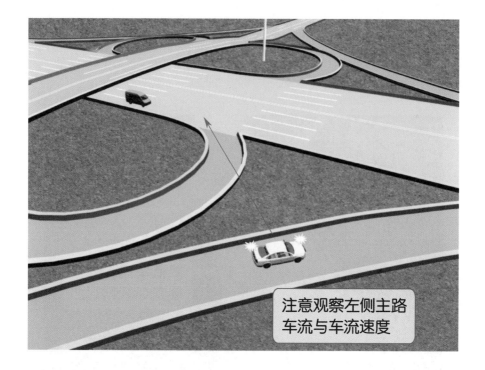

注意观察左侧主路
车流与车流速度

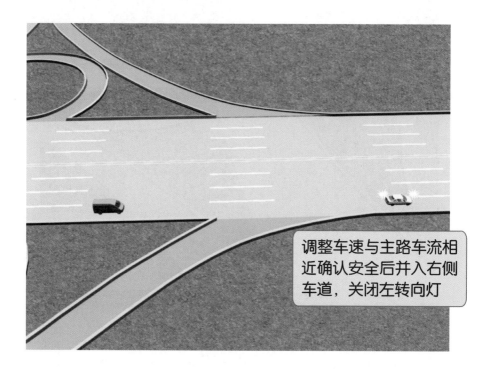

调整车速与主路车流相
近确认安全后并入右侧
车道，关闭左转向灯

由匝道驶出主路如下。

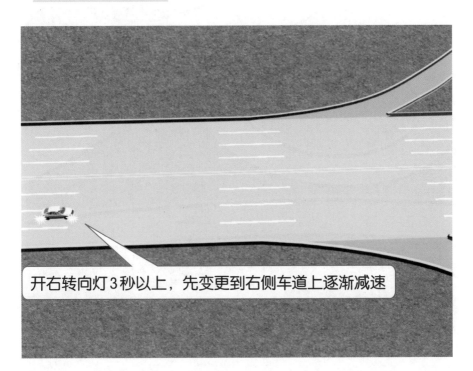

开右转向灯3秒以上，先变更到右侧车道上逐渐减速

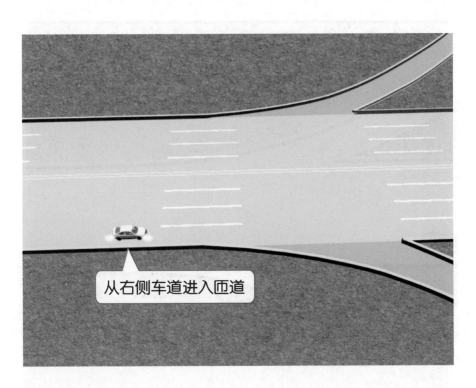

从右侧车道进入匝道

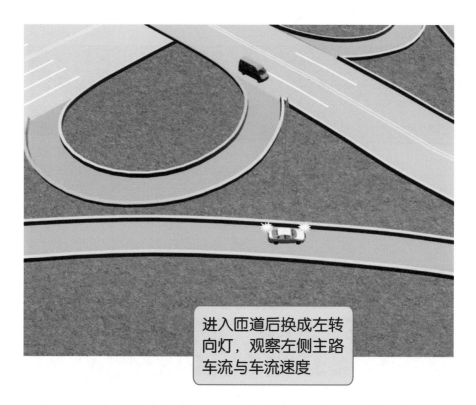

进入匝道后换成左转向灯，观察左侧主路车流与车流速度

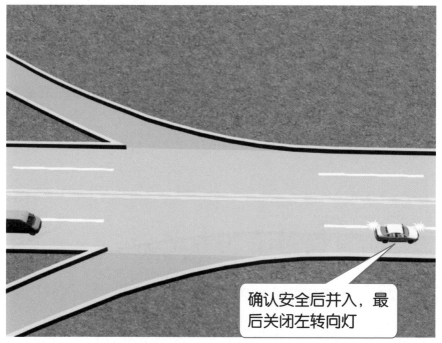

确认安全后并入，最后关闭左转向灯

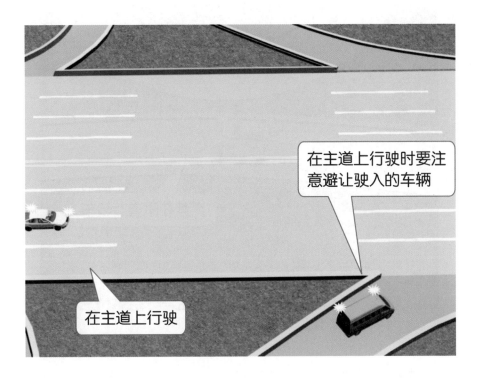

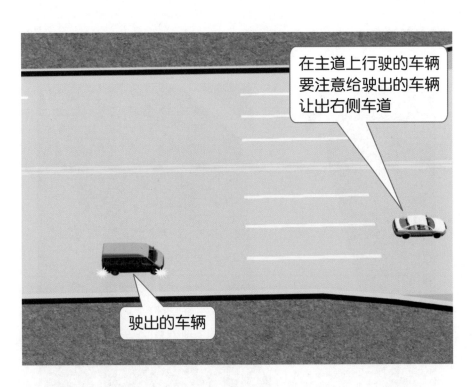

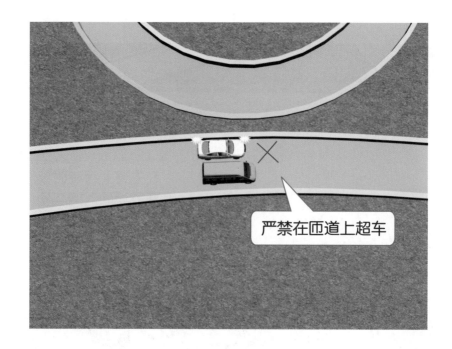

严禁在匝道上超车

通过带引导车道的匝道，除在引导车道上的驾驶有差别外，其他路段的驾驶注意事项与前面所述一样。

（1）驾驶方法

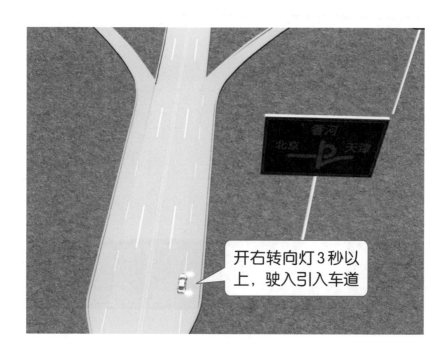

开右转向灯3秒以上，驶入引入车道

减速至30千米/小时以下，车距保持在15米以上

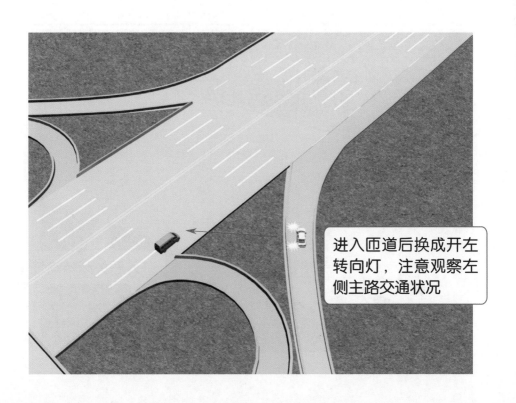

进入匝道后换成开左转向灯，注意观察左侧主路交通状况

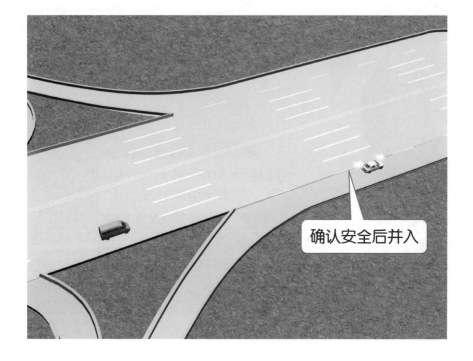

确认安全后并入

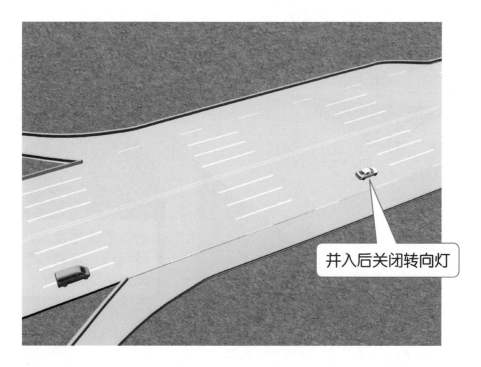

并入后关闭转向灯

（2）驶出方法

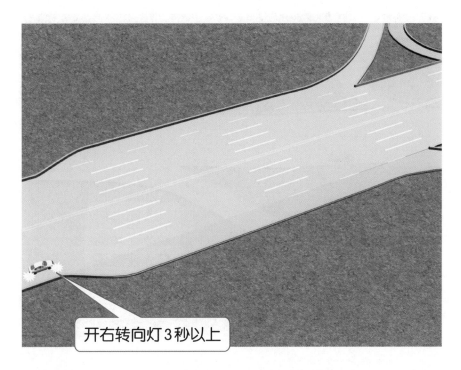

开右转向灯3秒以上

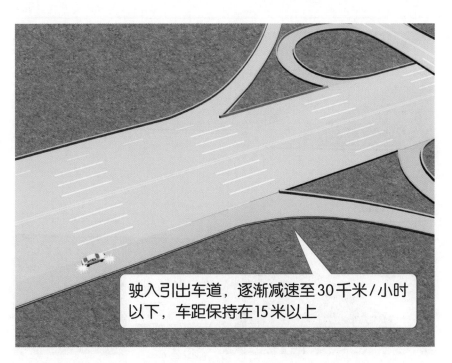

驶入引出车道，逐渐减速至30千米/小时以下，车距保持在15米以上

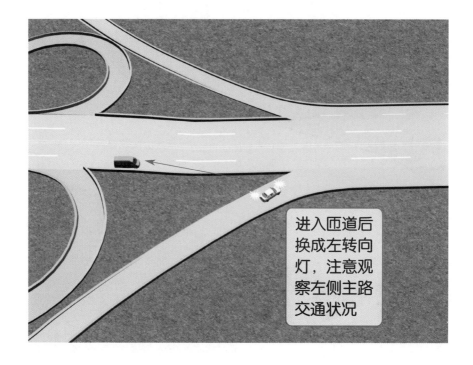

进入匝道后换成左转向灯，注意观察左侧主路交通状况

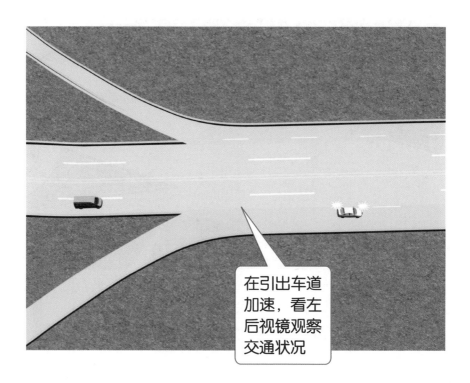

在引出车道加速，看左后视镜观察交通状况

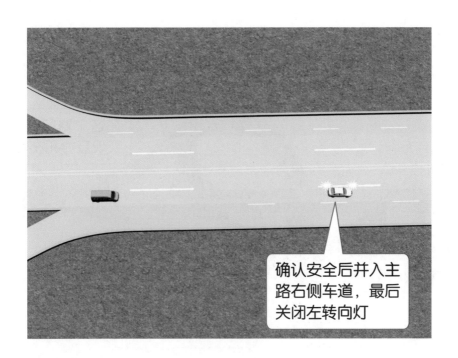

确认安全后并入主路右侧车道，最后关闭左转向灯

4.15.3 其他形式的立交桥通行方法

（1）通过部分互通菱形立交桥的方法

通行路线如图所示。除了在虚线处可直接左转弯外，其他部分的通行与通过苜蓿叶式立交桥类似。在这种立交桥上不能实现掉头。

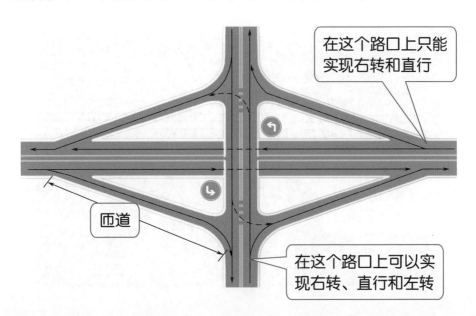

在这个路口上只能实现右转和直行

匝道

在这个路口上可以实现右转、直行和左转

（2）通过喇叭形立交桥的方法

通行方法与通过苜蓿叶式立交桥类似，通行路线如图所示。在这种立交桥上不能实现掉头。

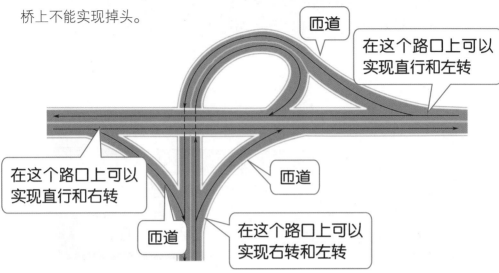

匝道

在这个路口上可以实现直行和左转

在这个路口上可以实现直行和右转

匝道

匝道

在这个路口上可以实现右转和左转

4.16 铁路道口通行

扫一扫，观看动画演示视频

通过铁路道口要做到一停二判三通过。

（1）一停

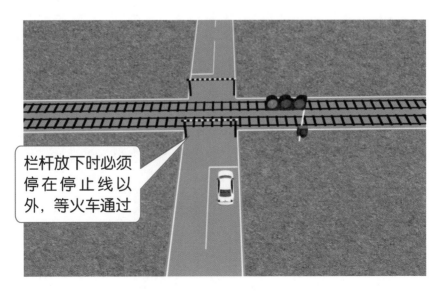

栏杆放下时必须停在停止线以外，等火车通过

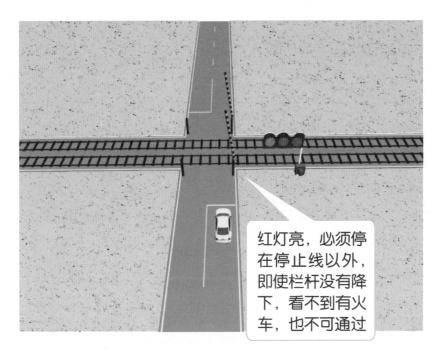

红灯亮，必须停在停止线以外，即使栏杆没有降下，看不到有火车，也不可通过

（2）二判

通过眼观耳听判断是否安全。要看清交通标志和信号灯。通过无人值守、无栏杆的铁路道口前，更要提高警惕。

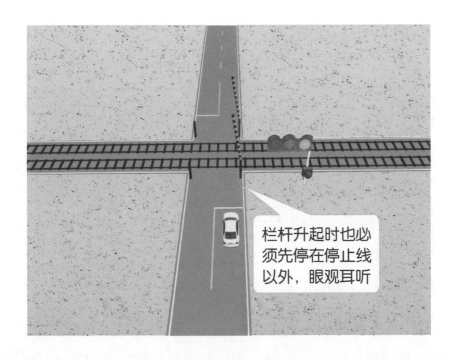

栏杆升起时也必须先停在停止线以外，眼观耳听

（3）三通过

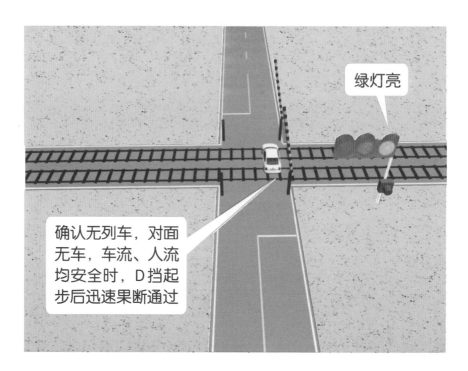

绿灯亮

确认无列车，对面无车，车流、人流均安全时，D挡起步后迅速果断通过

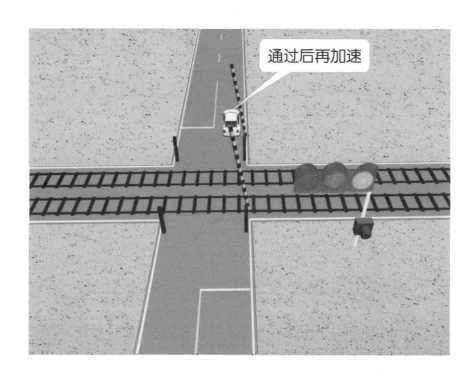

通过后再加速

注意：

对面没有位置时不要过路口

在铁路道口熄火的急救方法如下。

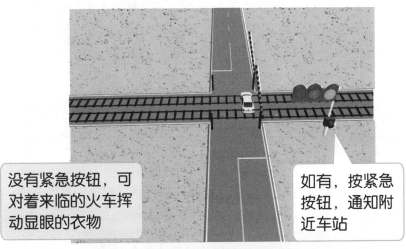

没有紧急按钮，可对着来临的火车挥动显眼的衣物

如有，按紧急按钮，通知附近车站

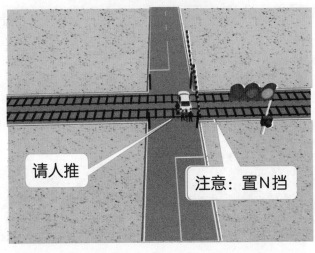

请人推

注意：置N挡

4.17 夜间行驶

4.17.1 夜间行车特点

灯光照射范围和亮度有限，驾驶员的视野狭窄、视距变短，视力变差，甚至出现错觉，所以很可能不能及时发现远处的行人等。夜间驾驶容易疲劳。因车辆少容易无意识开快车

4.17.2　对道路和地形的判断

可根据车速和发动机的声音判断地形。当车速自动减慢、发动机声音变沉闷时，说明行驶阻力增大，正在上坡或驶进松软路面；当车速自动加快、发动机声音变高时，说明行驶阻力减小，已进入正常路面或汽车已经下坡。

利用灯光的变化可直观地判断地形。

下面是通过一段连续转弯坡路时灯光的变化情况。

汽车驶近或驶入上坡路时灯光逐渐由远变近

即将上坡时的灯光照射范围

上坡中的灯光照射范围

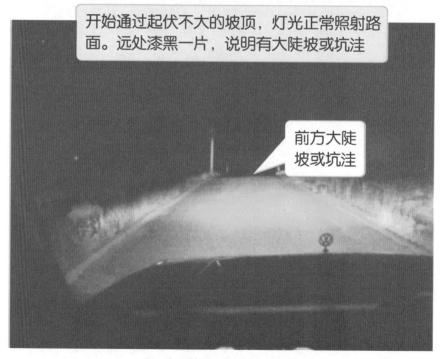

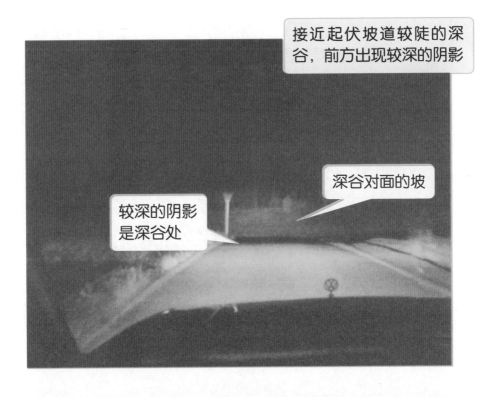

接近起伏坡道较陡的深谷，前方出现较深的阴影

深谷对面的坡

较深的阴影是深谷处

接近坡谷地段，灯光变近变亮，灯光偏离路面，这是在过左弯

汽车驾驶全程图解 自动挡：配动画视频版

驶向右急弯灯光由道路中间照射到道路左侧之外

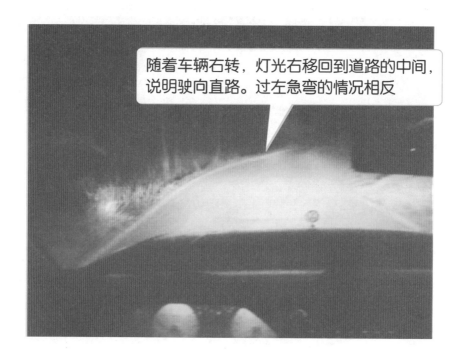

随着车辆右转，灯光右移回到道路的中间，说明驶向直路。过左急弯的情况相反

对于缓弯灯光只是略微偏离道路中心，略微偏右

接近大坑时，灯光照射距离变短，且黑影不消失

前方是一条大河，在车灯照射下根本无法看出，所以这时候靠灯光变化判断很重要，平时要留心总结

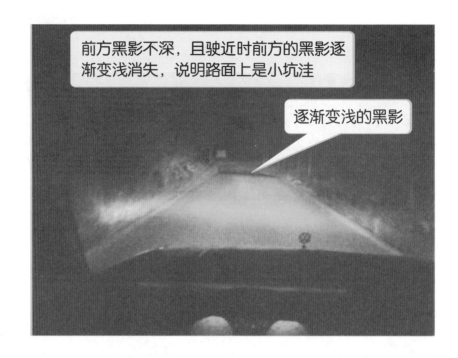

4.17.3 夜间行车注意事项

汽车驾驶全程图解

自动挡：配动画视频版

夜间行车应尽量避免超车。必须超车时，跟近前车后，应连续变换远近灯光，必要时按喇叭，在判定前车已让路允许超越的情况下，方可超越

远光

夜间行驶，应加大跟车距离，一般应保持50～100米。近距离跟车应使用近光灯

近光

夜间会车，要降低车速，选好会车地段，做好停让准备。在距离对方来车150米左右时，改用大灯近光，让车辆靠右侧保持直线行驶

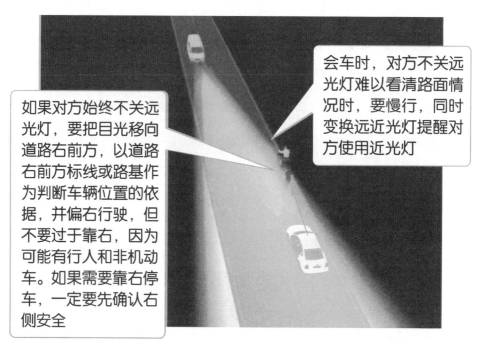

如果对方始终不关远光灯，要把目光移向道路右前方，以道路右前方标线或路基作为判断车辆位置的依据，并偏右行驶，但不要过于靠右，因为可能有行人和非机动车。如果需要靠右停车，一定要先确认右侧安全

会车时，对方不关远光灯难以看清路面情况时，要慢行，同时变换远近光灯提醒对方使用近光灯

　　夜间变更车道、转弯时，贴了车膜的车更不容易看清左右两侧的情况，所以要比白天慢，要更加仔细才行。

此外在窄桥、窄路与非机动车会车，近距离跟车，通过有交通信号灯控制的交叉路口，转弯时都应使用近光灯，转弯还应开启转向灯。

通过急弯、坡路或拱桥、人行横道、没有交通标线和交通信号灯的路口、有交通标线但没有交通信号灯的路口，要交替变换远近光灯示意。

4.18　堵车时的通行

堵车时车速慢，走走停停，这时候也不能麻痹大意，尤其是转弯、变换车道的时候，不要忘记观察右侧或是左侧。如果不观察，一旦有行人、非机动车、摩托车穿插抢行，很容易发生事故。

4.19　避让特种车辆

特种车辆执行任务时一般都会开警报器，必要时还会鸣喇叭。

143

4.20　礼让行人

礼让行人的一般原则如下。

① 在市区内行驶时，要降低车速，注意观察，胆大心细，随时准备应付突然出现的行人。

② 在市区内禁止鸣喇叭地段，应降低车速。在其他地段，可适当使用喇叭。

③ 过积水路面时，要慢行，防止泥水溅到行人身上。

④ 必须进入人行道时，要慢行，注意观察前方和后视镜。

遇到以下几类行人，避让时一定要有耐心，要慢行并做好随时停车的准备。遇小孩奔跑时，要立即减速或停车，等安全之后再前进。

① 老年人反应迟钝，行动缓慢。

② 儿童、中小学生对汽车的性能和交通法规知之甚少，走路、玩耍时可能会不顾周围的一切。

③ 低头沉思、情绪异常的人也会忘记周围的一切。

④ 残疾人行动不便。在残疾人中，聋哑人外表不易与常人区分，需要注意判断。

⑤ 正常行人也可能由于某种原因突然跑上公路或突然转向、逆行。

4.21　礼让非机动车

① 与自行车或行人保持1米以上的安全间距。要防止挂、擦自行车所带物品。

② 要警惕骑车人突然从车头横越。

③ 不抢行，适当降低车速，随时做好停车准备。

④ 如发现骑车人摇晃，应进一步减速或停车，以防碰撞。

⑤ 要防止乘自行车的人突然跳车造成骑车人摔倒而导致碾压事故发生。

⑥ 超越自行车时，如无其他情况，则保持一定间距缓慢超越。切忌冒险穿挤和鸣喇叭催促让道。

⑦ 在狭窄道路上超越或与自行车并行时，要小心自行车突然摔倒，或被汽车凸起部分刮倒、挤倒，酿成严重车祸。

⑧ 遇畜力车、畜群时要提前做好准备，以防牲畜受惊而发生意外，要边仔细观察边慢慢超越。

拉车很费劲，尤其是上坡、路况差的时候

超越时右侧不能离非机动车过近，要保持1米以上的安全距离

4.22 经过停站的公共汽车

有的行人下了公交车可能会突然从公交车的前后横过马路

必须慢行，可将脚放在刹车上，随时准备停车

第 **5** 部分
高速公路驾驶技术

5.1　高速公路的特点

（1）全封闭

全封闭

（2）标志大且完备

车距确认标志

出口标志

中心标线

指示箭头

出口标线清晰齐全

匝道有限速标志

（3）还有交通信息牌，监控测速设备

基本都有收费站

5.2　高速公路上的行驶特性

速度快，车道明确。

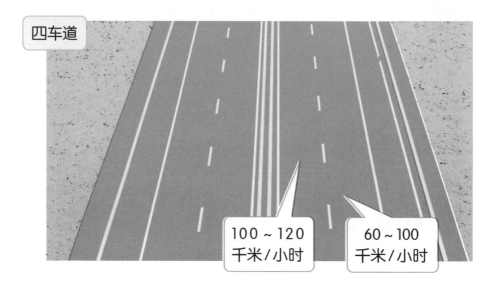

四车道

100 ~ 120
千米/小时

60 ~ 100
千米/小时

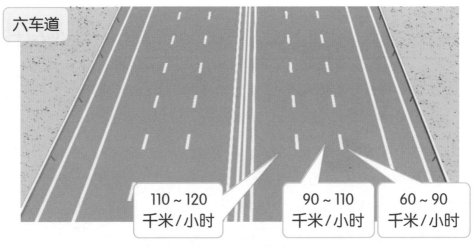

六车道

110～120
千米/小时

90～110
千米/小时

60～90
千米/小时

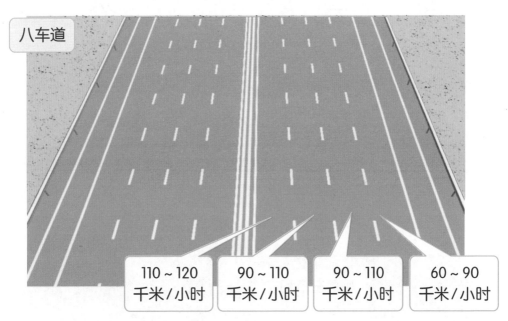

八车道

110～120
千米/小时

90～110
千米/小时

90～110
千米/小时

60～90
千米/小时

5.3　上高速路前的准备

　　检查机油、冷却液、制动液、助力液是否正常。加满燃油。检查轮胎有无裂纹，是否夹有异物，胎压是否正常，不正常则要按说明书上的要求给轮胎充气。

　　要带上灭火器、常用随车工具等。有条件还可以带上急救包。

5.4 高速公路行驶

扫一扫，观看动画演示视频

确认安全后，在加速车道上提速到60千米/小时以上，逐渐向左转向，并入行车道

最后关闭左转向灯

汽车驾驶全程图解

自动挡：配动画视频版

在行车道行驶时一定要按规定行驶

根据车距确认标志判断跟车距离

进收费站时要进绿灯亮的车道，红灯亮的车道没有工作，不能通行。

看到出口标志后缓慢转向驶向减速车道

出口 EXIT ↗

14 南沙 NANSHA

珠海 ZHUHAI　南沙 NANSHA

14 出口 EXIT 500m

距出口500米开右转向灯

珠海 ZHUHAI　南沙 NANSHA

14 出口 EXIT 1km

距出口1千米绝对不可超车

珠海 ZHUHAI　南沙 NANSHA

14 出口 EXIT 2km

距出口2千米不要超车

珠海 ZHUHAI　南沙 NANSHA

14 出口 EXIT 500m

看到出口标志后开右转向灯

缓慢转向进入
减速车道减速

进入匝道减速到40
千米/小时以下，由
匝道驶离高速公路

第6部分
不同天气驾驶技术

6.1　雨天驾驶

在恶劣条件下驾驶除了控制好车速外，要更加仔细观察车流并由此预见下一时刻车流的状态，从容不迫地进行下一步操作。

行驶前必须检查雨刮器是否能正常工作，雨刮器不能正常工作时，雨水覆盖在前挡风玻璃上将导致无法看清道路交通状况，很危险。应修好之后再上路。

雨天行车应比平常车速慢，积水越厚速度越慢，要平缓打方向、平缓使用制动器，以发动机控制车速为主，要适时减挡，不要猛踏猛松油门踏板。雨天要适当增大跟车距离。暴雨时应找安全的地方停车。

雨天行人和非机动车驾驶者因使用雨具视线受阻，驾驶员要更加仔细地观察他们的动向。

连续阴雨天要注意观察路面，以防陷车、坍塌，不要在可能陷车、坍塌的地方行驶、停车。

刚下雨路面有薄积水时，高速行驶可能形成水膜，导致侧滑。发生侧滑时的处理方法：❶ 松油门，轻踩制动。❷ 如果是前轮侧滑，应逆着侧滑的一侧修正方向；如果是后轮侧滑，应顺着侧滑的一侧修正方向；转向时动作要敏捷柔和。

雨天行车需要关闭车窗，内外温差使前挡风玻璃很容易产生雾气，此时应打开冷气吹向前挡风玻璃；后挡风玻璃出现雾气时，需打开后挡风玻璃加热器，尽快消除雾气。

6.2　雾天驾驶

雾天应打开雾灯、示宽灯和近光灯。必须降低车速，能见度越低，车速应越低。在非禁止鸣喇叭路段，可适当鸣喇叭，并注意鸣短促喇叭回应其他车辆。能见度不足50米时同时开启后防雾灯。注意：雾天不要以前车尾灯作为判断车距的依据。特大雾必须找安全的地方停车。

6.3　雪路冰路驾驶

❶ 严寒地区驾驶要注意防冻，最好停到车库里，有暖气更好，第二天不愁启动不了。

❷ 一定要使用冬季机油。在严寒地区的冬季，四季机油将造成汽车无法启动。有预热装置的车辆，可预热到启动温度时再启动。

❸ 启动后可立即以怠速或小油门低转速起步，然后换2挡小油门行驶，不要原地热车，这样可以使发动机、变速箱、传动系统都得到"预热"。待发动机温度升高到40℃左右时，再以正常转速行驶。可按说明书的要求操作。

❹ 冰雪路驾驶。

雪路

压实的雪路。十分光滑，要慢行

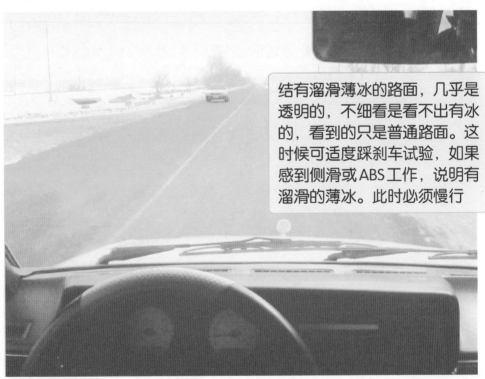

结有溜滑薄冰的路面，几乎是透明的，不细看是看不出有冰的，看到的只是普通路面。这时候可适度踩刹车试验，如果感到侧滑或ABS工作，说明有溜滑的薄冰。此时必须慢行

冰雪路驾驶四大要领如下。

① 保持低速行驶，保证足够的安全距离。

② 匀速缓慢打方向。

③ 匀速缓踏缓松油门。

④ 匀速轻踩慢松制动踏板，即使有ABS的车辆也不要猛踩刹车，尤其是转弯时。在压实的雪路上沿直线高速行驶时猛踩制动踏板尽管不会发生大的侧滑，但是车辆仍会发生左右摆动现象。在溜滑的冰路上，ABS、防侧滑系统几乎没有什么作用，猛踩制动踏板照样会导致侧滑、驶出路面现象。必须低速转弯，ABS、防侧滑系统应付不了溜滑的弯路。

此外还要注意以下各项。

① 如图所示。

② 在冰雪路上，要选择路面宽、积雪少的地段会车。尽量避免在狭窄路段会车。尽量不超车。

应沿车辙行驶。积雪过深的地方不可进入，否则会导致打滑而造成无法驶出的后果

通过新雪覆盖的路面，应利用积雪之上的参照物判断道路走向和车体的位置，无法判断时应下车探察

是先下坡再上坡的路段：下坡时不可猛冲猛闯，以免撞上雪下的坚硬物体。下坡速度可适当快些，到坡底时加油，可以靠惯性顺利冲上去，速度慢上坡中途可能发生打滑现象

③ 停车时，缓慢轻踩制动踏板，防止甩尾、掉头。

④ 加大跟车距离。跟车距离要比正常路面加大3倍以上，坡道要更长一些，对于短坡应等前车爬过坡顶再爬坡，即使有ABS的车辆也应如此。

⑤ 在冰雪路上长时间停车，如果轮胎冻结于地面，要先用工具挖开轮胎周围冻结的冰雪和泥土后再起步。

⑥ 雪地行驶建议使用灰色眼镜以免发生雪盲。

⑦ 必要时装上防滑链、防滑罩。

⑧ 冰雪天还要特别注意，行人、非机动车驾驶者因穿戴的影响，对交通状况的判断力下降，行人、自行车还可能突然滑倒，因此更要仔细观察，保持足够的纵向、横向安全距离。

6.4　涉水驾驶

汽车涉水前，要仔细探明水的深度、流速和水底情况，并根据车辆的性能，确定能否通过。选择水浅、底硬、两岸坡缓、水流稳定、距离短的地方涉水。当水深接近汽车最大涉水深度时，应采取措施防止电器设备短路、进气口进水等。当水深超过最大涉水深度时，不得冒险涉水。涉水时用低速挡使车辆平稳地驶入水中，眼睛要看远处的固定参照物，避免中途换挡、停车和猛打方向盘。若车轮打滑空转，应立即停车，不要勉强进退，更不可加速猛冲，以免越陷越深，也不要熄火，应立即求援。市内涉水要认真观察判断，尽量避免压井盖及其附近、不要压住台阶或路沿。涉水后应踩几次制动以蒸发水分，以便恢复正常制动性能。

6.5　大风天驾驶

大风会使车辆行驶方向难以控制，甚至将车辆吹离正常行驶路线或吹翻，大风吹起的硬物还可能击碎车窗。因此除慢速行驶外，还应紧握方向盘，控制好行驶方向，风过大时应停车躲避。

6.6 山区道路驾驶

　　山区道路坡多、弯多，拐弯处山体形成的盲区多，气候变化无常。除按一般的坡道驾驶要领驾驶外，还应注意，拐弯前减速、鸣喇叭、靠右行驶，充分准备好随车工具，防雨、防寒、防滑物品等。

第**7**部分
停车场停车技术

虽然停车可借助倒车可视系统，但是没有正确的方法，同样无法倒入，因为车的转弯半径是固定的。

7.1 横向（垂直）停车场安全停车

扫一扫，观看动画演示视频

因为两后轮的转弯半径是固定的，所以入位前首先要选择合适的起始位置，起始位置不合适将导致无法入位。

说明

以下参考点的位置都是针对标准车位选取的，其他宽度的车位，参考点的位置略有差别。

下面以右倒入位为例说明，左倒入位类似。

（1）成功倒车入位的规律和基本技巧

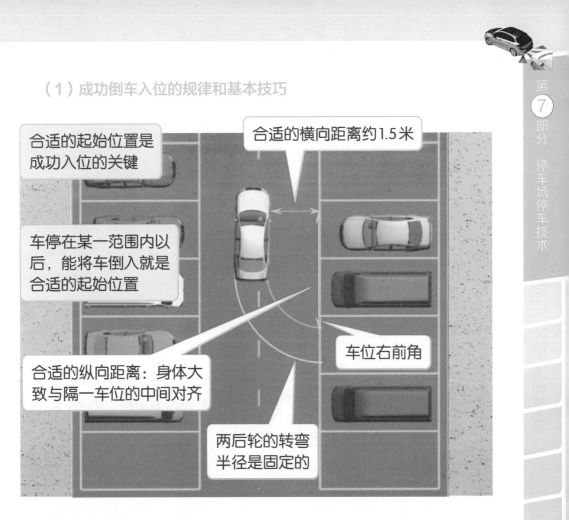

合适的起始位置是成功入位的关键

合适的横向距离约1.5米

车停在某一范围内以后，能将车倒入就是合适的起始位置

合适的纵向距离：身体大致与隔一车位的中间对齐

车位右前角

两后轮的转弯半径是固定的

起始位置（纵向、横向位置）合适时，在右后视镜里看，车位右前角大致在后视镜的右下角附近，看这个位置也可以确定合适的起始位置。在后退的过程中可以以看右后视镜为主，反复扫视其他后视镜和周围，以确认安全

车位右前角

（2）在车内观察确定横向、纵向位置的方法

确定横向距离的方法

让车头右边这个位置附近压住右侧车位边线前进，即可保证车右侧与右侧车位边线相距约1.5米

车头中间大致对应右轮的位置

确定纵向位置的方法

确定纵向起始位置时请看右前窗

前进到身体与隔一车位约1/2处对齐时停车

（3）试验法确定横向、纵向位置的方法

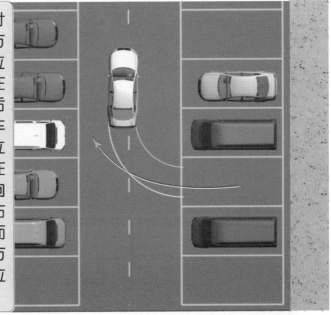

在停车场车少的时候，不管用什么方法，先把车停到车位里（也可以找场地在车旁画车位），然后打满方向开出来，车身与车位线平行时立即停车观察车位线在车头上的位置（横向位置），并转头看右方车位的位置，从而确定身体对应的右方车位的位置（纵向位置），记住它们

按试验所看到的位置作为倒车的起始位置即可。只要起始位置偏差不大，都可以入位。

略靠右一点也可以倒入

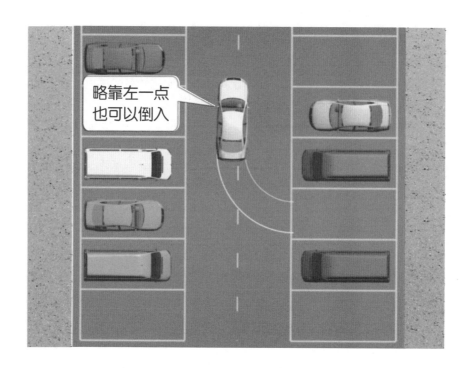

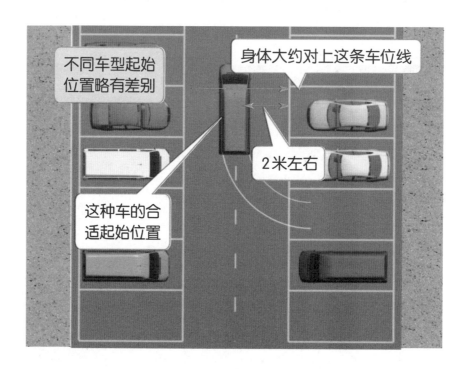

（4）右倒入位操作步骤

先停到合适的起始位置，挂R挡，起步后缓行，迅速向右打满方向，通过后视镜看车尾的位置，适度调整方向

倒车时将脚放在刹车上

在整个后倒的过程中都要以看右后视镜为主，同时还要不断看左、内后视镜

车尾转动的方向

车尾进入车位后，向左回方向要看着右后视镜中车尾的位置回

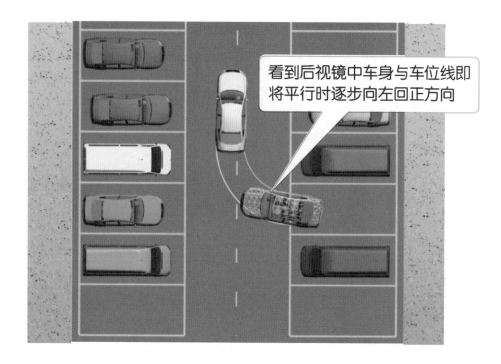

看到后视镜中车身与车位线即将平行时逐步向左回正方向

看后视镜，车身摆正后继续后倒

继续沿直线后倒，在后视镜中看到方向偏斜时可略微修正方向，以免剐蹭。有剐蹭危险时应立即停车，确认应向某一方向打方向后再继续后倒或开出去重来

向左回正方向后右后视镜中的影像

车身在车位里平行居中时，在后视镜里看，车位线前面略宽，后面略窄，且左右后视镜中的影像是对称的

看后视镜，车尾对准库底停车

这个位置附近是车尾，停车即可

（5）入位失败的几种情况

起始位置不合适是导致无法入位的原因。

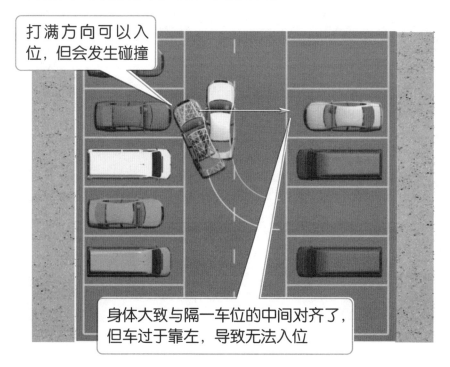

打满方向可以入位，但会发生碰撞

身体大致与隔一车位的中间对齐了，但车过于靠左，导致无法入位

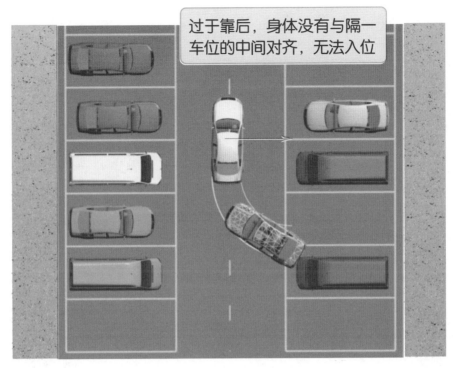

过于靠后，身体没有与隔一车位的中间对齐，无法入位

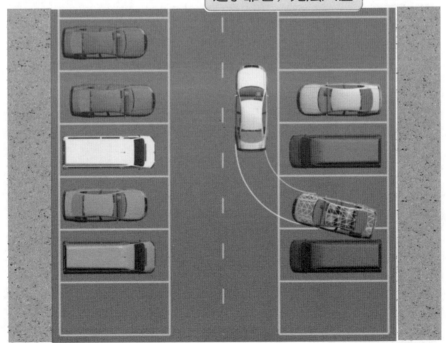

过于靠右，无法入位

（6）驶出车位

身体到其他车的车头时，向右打满方向驶出，看后视镜，不要擦上右面的车辆，注意车的左前角不要碰到对面车辆

出位的过程中还要注意看右后视镜，以确认车身右侧的安全

出位时要注意看左前角，
注意不要碰到对面车辆

（7）其他入位方法

在车内看到车头遮住待入车位的
这条边时，迅速向左打满方向

（8）车头向里入位

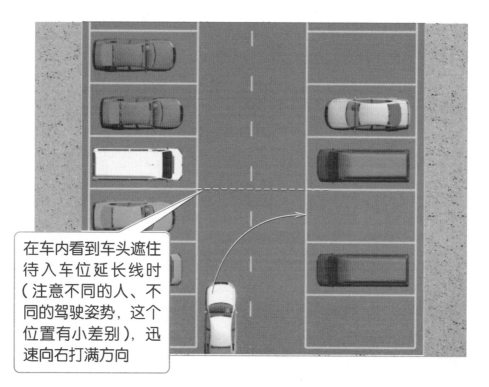

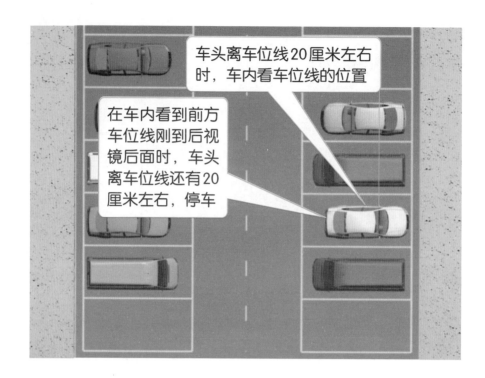

（9）倒车出位

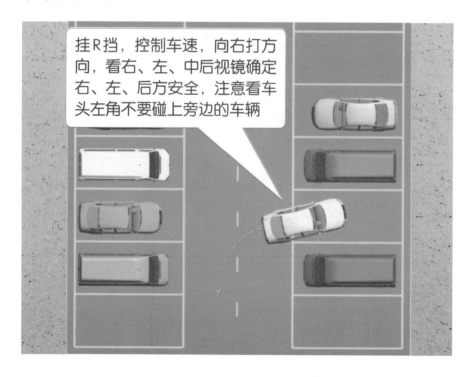

7.2 斜向（斜线）停车场安全停车

扫一扫，观看动画演示视频

贴车位边线前行

车头遮住下一车位约1/4（注意不同的人、不同的驾驶姿势，这个位置有小差别），迅速向右打满方向，前进中不但要确认前方安全，还要通过左、右后视镜观察待入车位线的位置

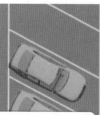

可通过左、右后视镜中车位线的位置判断车身是否处于车位平行居中位置

看到车身与待入车位即将平行居中时立即向左回正方向

车身处于车位平行居中位置时停车，后倒，后倒时左右后视镜中的影像是对称的，如不对称则需要略微调整方向，注意不要打错方向，弄不清时可停车想好再打方向

要注意观察左右两侧的安全

车身处于车位平行居中位置时，在右后视镜中看到右车位线和车身所夹的锐角是前宽后窄，且角度很小，左后视镜中看到的也是这样，且与右后视镜中的对称

沿直线后倒时要看着左、右后视镜修正方向，左右后视镜中的影像是对称的

第7部分 停车场停车技术

汽车驾驶全程图解 自动挡：配动画视频版

再根据以前介绍的方法，通过后视镜判定车尾到位时停车

仿垂直停车位入位方法如下。

先前进到横向、纵向距离都合适的位置，停车

合适的纵向距离

合适的横向距离

7.3 纵向停车场安全停车

扫一扫，观看动画演示视频

车右侧与边线相距
30厘米左右前行

两车平齐时停车

挂R挡，起步后，看右后视镜中右车的车尾位置后退，后轮到垂直车位线时，向右打满方向，绕右车车尾后倒，并相距30厘米以上距离。如右方无车，可看车位线后倒

垂直车位线

在左后视镜中看到待入车位右后角时回正方向，沿直线后退

右后角

汽车驾驶全程图解

自动挡：配动画视频版

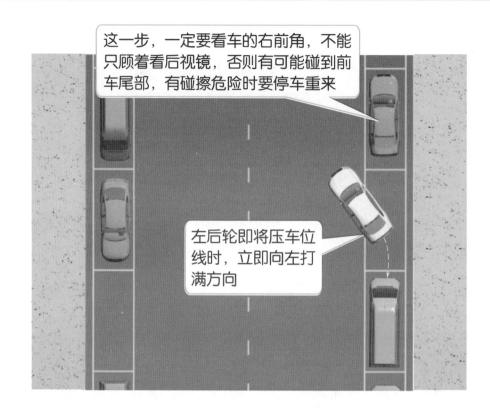

在后倒的过程中可适当扫视内后视镜，以便辅助判断车身是否平行，以及后方是否安全

回正后停车即可。有时候需稍后退再停车

停车后在左后视镜里
看到的后车的影像

说明

　　关于停车技巧的详细介绍可参阅《驾驶员安全停车技术全程图解》（第二版），本书不做大篇幅介绍。

第**8**部分
安全驾驶常识

8.1 车内装饰物或放置物不得影响视线或操作

（1）车内悬挂玩偶的位置不要影响视线

车上悬挂的小玩偶在行车过程中左右摇晃，容易阻挡视线。后挡风玻璃下面放背包、手包及玩具等物品，急刹车时，有滑向前方伤及乘员和驾驶员的可能，在倒车时也影响驾驶员观察后视镜。

（2）给座椅增加坐垫最好固定，否则易发生危险

如喜欢在驾驶席上垫坐垫最好想办法固定，因为坐垫如果是活动的，容易造成驾驶员坐不稳，紧急制动时，身体容易向前滑出，造成身体撞向方向盘，尤其是不爱佩安全带的驾驶员。

（3）使用长毛方向盘套装饰方向盘危险

为了防止出汗打滑或者是防寒，减轻长途驾驶震动对手的影响，加装方向盘套是一种选择，但最好不要使用长毛方向盘套。长毛方向盘套使用一段时间后，手感会变好，但摩擦力也减小，在遇紧急情况需要猛打方向的时候，操控性就变差了。

戴劳保用的线手套或功能类似的"魔术"手套都是很好的选择。夏天不会因手出汗造成操作方向盘时打滑，天气寒冷时也不会冻的手指僵硬而导致操作困难。也可使用驾驶用手套，只是价格比较贵。尼龙手套、普通的皮手套容易打滑，不可使用。

汽车行驶过程中始终在震动。凹凸不平的道路、车轮动平衡被破坏、传动轴磨损过度等都会造成车身震动。震动对驾驶员的健康损害较大，尤其是手部和脚部。戴一副手套开车能减轻震动对人体造成的危害。

科学研究表明，受震动的影响，长期开车的人的条件反射机能会受到抑制，神经末梢受损，痛觉功能明显减退；震动还会使长期驾车者的手掌多汗、指甲松脆、手臂肌肉痉挛、握力萎缩下降，骨关节出现脱钙、局限性骨质增生或变形性关节炎。强烈的震动和噪声长期刺激人体，还会使自主神经功能紊乱，出现恶心、失眠等症状。医学上通常将这类震动引起的疾病称为"震动病"。

驾驶用手套在手掌和手指处使用防滑的翻毛皮或植入细小的颗粒，防止打滑；在手腕等活动部位使用弹性更好的莱卡材料，手套与手掌紧密贴合，手掌活动自如不受阻碍；在容易出汗的关节部位使用COOLMAX面料，加速汗液导出，保持手掌的干爽。专业驾驶手套价格昂贵，驾驶员也可以选择性价比更高的自行车手套。自行车手套的防滑、透气功能与汽车手套相似。只是自行车手套更加注意对手的保护功能，在指关节、手背等需要保护的部位增加了吸振、耐磨材料。此外，自行车手套的颜色、外观更加前卫、运动化。

8.2　车内乘客安全须知

向乘车人宣传安全注意事项，如锁好车门，及时制止乘车人不安全动作，如将头、手伸出窗外等。开关车门前一定要注意周围的交通状况，不得妨碍其他车辆和行人通行，还应当提示乘车人在车内不要吸烟。不要超载，应告知乘客交通法规中有关载人的规定。

8.3　乘客上下车安全须知

车停稳后，再让乘客上下。上车前要确认周围尤其是前后方安全后再开门上车。下车时确认安全再开门下车。

8.4 儿童乘车安全须知

（1）正确使用儿童安全带

如果乘车儿童能够占满一个座位，就可以使用安全带，但安全带不能太靠近颈部。需要注意的是，过于幼小的儿童不能使用安全带，因为安全带在事故中对幼童颈部的伤害非常严重。

（2）使用儿童安全座椅

通常情况下，儿童安全座椅适用于0~6岁的儿童，儿童安全座椅的使用可使儿童的乘车安全提高7倍。儿童安全座椅首先要用安全带固定，最好汽车本身也能够固定儿童安全座椅。

（3）儿童乘车时一定要坐后排

不要坐副驾驶，在不系安全带的情况下，汽车紧急制动或发生碰撞的时候，就会把孩子撞到控制台或者挡风玻璃上，会对孩子造成非常大的伤害。

下面一些做法对孩子来说都是不安全的。

❶ 让孩子自己上下车。小孩子力气小，车门开启时如果推不到位，会造成车门回弹。可能夹伤小孩子的手指。此外，车子开门一侧的路况和交通情况，驾驶座上的父母可能不清楚。父母最好亲自给孩子开关车门。

❷ 孩子坐在副驾驶位置。让孩子坐在副驾驶位置是最不明智的。因为有的车具有双气囊，一旦发生碰撞气囊弹出，挡在人与车体之间，使人免受伤害；但由于孩子上身较矮，气囊弹出的位置往往是在孩子的头部，非但保护不了孩子，反而会造成伤害。所以，12岁以下的儿童必须坐在后排位置。

❸ 让孩子在车里做游戏。家长为了不让孩子纠缠自己，也为了全神贯注地开车，便让孩子在打开的后备厢里独自玩耍。车辆行驶时，孩子会东倒西歪，如果撞及车内硬物，可能会受伤。此外，从设计上来讲，后备厢是吸收后方撞击力的地方。所以，把孩子放在那里实在是不安全。

❹ 家长抱着孩子乘车。乘车时，许多父母习惯把幼小的孩子抱在怀中。由于孩子坐得比较低，头部刚好在家长的胸部，如果发生猛烈的碰撞，家长

的胸部会自然向下压，压到孩子的头颈，对孩子造成极大的伤害。此外，当汽车以40千米/小时的速度行驶时突然紧急刹车，在惯性的作用下，即使5千克重的婴儿也不容易控制，因此家长很难保护怀中的孩子。

❺ 小孩绑成人安全带。不少家长喜欢给年幼的孩子绑上成人专用的安全带。一般来说，汽车座椅和安全带是专为成人设计的，不适合儿童体形。孩子使用成人安全带，如果绑得太紧，如发生车祸会造成致命的腰部挤伤或脖子脸颊的压伤。如果绑的太松，发生车辆碰撞，儿童又有可能会从安全带和座椅之间飞出去。

❻ 开车与孩子说笑。很多人把行车途中作为与孩子交流沟通的最好时机。父母边开车边与孩子聊天、讲故事，甚至说笑；还有的人把一大堆零食拿出来给孩子吃。把注意力分散在孩子身上，将严重影响行车安全。开车时一定要注意力集中；如果孩子有事情求助于你，最好找到合适位置按规定停车，然后再处理孩子的事。

❼ 车内堆砌装饰品。家长在车内堆砌了许多装饰品。对于车内装饰，绝对不能有尖锐和硬的东西，这样才能保证在发生事故时儿童不会因为撞击到它们而受到伤害。此外，有些情况对成人也许构不成伤害，但可能伤害到婴幼儿。如放置在操控台上的香水、装饰品，一旦车辆被猛烈追尾它们就会弹射，高度往往正好是在孩子头部的位置。

第**9**部分
其他情况驾驶攻略

9.1　自驾游出行驾驶

如果要自驾游，"列计划、查车况、备物品、巧驾驶、再保养"，都是必不可少的。

（1）做好出行计划

好记性不如烂笔头，不打无准备之仗。一份详尽周密的书面计划是安全自驾游的保证。自驾出行要游览的景区景点、往返的行车路线都得在计划内，比如哪里要维修封路，哪里开通了新路，都要提前做到心中有数，这样可以大大节约时间。

此外，选择合适的行车路线和休息站点是很关键的，它可以让你对所需时间、路途和费用有一个大概的估算，还能减少不必要的花费，最大限度地节省时间和燃油。具体是先确定要去游览的景区景点，再选择行车路线。行车路线的选择最好遵循先高速、后国道的原则。

（2）全车检查保障安全

如果你不想爱车在半路出故障使全家人打道回府的话，那么在出游前对爱车全面检查是必不可少的。燃油、机油、蓄电池和轮胎备胎气压都在检查范围内。此外还要检查是否带好了备用车钥匙，检查照明灯、喇叭、后视镜、门锁是否有效，玻璃水是否充足，喷水泵能否正常工作，雨刷片弹性是否正常等，一个也别漏掉。汽车的一些小伤小患在短途行车中可能显露不出，可一旦长途行车就会显露出来，成为安全隐患。一定要消除隐患，确保车况良好才能上路。

（3）备齐物品确保畅通

必备的行车装备一定要带齐，以备急用。修车工具、打足气的备用胎、简易补胎工具、千斤顶、灭火器、停车警示牌都是必不可少的。此外，水壶、手电和备用电池、灯泡也不要忘记。旅途中一旦生病，一些常备药也能派上大用场，如感冒药、消炎药、止血绷带、创可贴、维生素药片和红花油都要准备。另外，相关的证件、票据——如身份证、驾驶证、行驶证、车船税单据等一个都不要落下。

（4）不同路况不同技巧

自驾出游面临的路况比较多，高速路上，大货车比较多，一般都会在外道行使，超车时，应先转到超车道上，打左转向灯同时用大灯晃几下并鸣笛通过。在遇到雾天时，一定要把雾灯打开，同时打开双闪在外道行使，车速减到每小时60千米以下。汽车高速行驶很容易对驾驶员造成速度感、车距感的模糊，所以在行驶中一定要保持好车距，同时注意高速公路上的距离标志。在长途行驶中，车上最好有两名以上会开车的人交替驾驶，避免疲劳驾驶。

盘山路上，多转弯多盲区，因此行驶在盘山路段的时候，首先要控制好车速，过弯的时候要特别注意提前观察转弯盲区，采取转大弯、走缓弯的办法，不可急转方向，更不可在弯中制动或挂空挡。

刚刚驾车来到一个陌生的城市，对这座城市的路段和特殊道路并不完全了解，在驾驶的时候就要勤看路标，配备一个GPS导航仪会让一切都化繁为简。

（5）回来后要认真保养爱车

轮胎：首先要给轮胎来一次细心检查，建议测胎压以及检查轮胎的磨损情况，来确定轮胎使用状况。

底盘：由于对路况不熟，很多车主在旅行过程都有被拖底的经历，有时会出现爱车有异响、方向盘抖动、车辆停放位置出现油渍等现象，这就说明汽车的底盘已经受损。建议最好做一次专业的底盘检查，以绝后患。

清洁：许多车主在自驾游归来之后都会去洗车，大部分人只是注重汽车表面的清洁，而忘记车厢内部的清洁。实际上，无论在什么季节，汽车经过长时间的行驶，都会在车厢内累积不少尘土和细菌，尤其是地毯、车顶和门饰板等部位。因此建议在洗车的时候，最好同时做一个车厢内部的清洁和杀菌，防止车厢内出现异味、霉变的现象。

9.2 越野驾驶

要诀一：爬坡不要总用1挡

越野车即使挂上低速四驱，一般也只能爬上45度的斜坡。如果地面有碎石和泥沙，就算抓地力再好的轮胎，也会发生车轮打滑现象。

对策：控制好车速。不要总是用1挡爬坡，这样虽然扭矩很大，但动力很快就会达到发动机的极限。使用2挡以较快的速度爬坡更容易，尤其是在湿滑的坡上更是如此。

还要观察土壤条件：湿土提供最佳的附着力；疏松的干土或沙土可能导致车轮空转；湿地或泥泞可能是最困难和最危险的情况，可能导致车辆失控。

要诀二：陡坡倒车最好挂倒挡倒车，不要挂空挡，只用制动控制车速

如果爬坡爬到一定程度，车轮开始打滑，然后向后溜车，这表明爬坡已经失败，必须从平地重新开始爬坡。

对策：为避免危险，最好挂倒挡，然后依靠发动机的牵引力控制下坡速度。如果车速过快，可配合刹车控制车速。

要诀三：泥地行车可以降低轮胎气压

泥地行车对提高车手的越野能力很有帮助。在泥地行驶时，要熟练地用油门来控制车速，尽量避免踩刹车。

对策：可以用降低轮胎气压的办法在泥地上行驶。但一定要注意，在凹陷的路面上用力转向会使轮胎局部受力过大，可能会受到钢圈挤压，导致损坏。

要诀四：穿行乱石备好备胎

一般越野车通过乱石障碍是不成问题的，但碎石容易引起强烈的颠簸。车手要格外小心有棱角的石头，以免扎破轮胎，或在两侧胎壁上划出口子。

对策：以较慢的速度通过，这样可大大降低轮胎被划破的危险，但也不能保证绝对的安全。到有乱石的地方去，必须有备胎和随车充气泵。通过后，应仔细检查所有轮胎的情况。因为高速行驶，轮胎上的一道小裂痕都可能引起爆胎。

要诀五：斜坡侧行小心沙质路面

斜坡行驶的危险性很大，有翻车的可能性。一般越野车能倾斜40度，但倾斜到35度车内的人就会受不了。

对策：尽量不在可能翻车的角度上行驶。在路过一个斜坡的时候，车手一般看不到前方路况，这时最好在别人的指挥下通过危险路段。如果要在沙质斜坡上侧行则要格外小心，松软的沙面会让较低一方的轮胎发生打滑，引起翻车。

9.3 不同季节驾驶

季节交替时，由于环境、气温变化很大，车子容易发生故障，需要加倍注意。此外，不同季节对于车子的养护也有不同的注意事项。

（1）春季保养

❶ 春季雨水较多，雨水中的酸性物质会损害汽车漆面，因此要特别注意保护好汽车漆面。

❷ 拆洗气缸和散热器的放水开关。清洗发动机水套，清除冷却系中的水垢。

③ 换掉冬季用机油。

（2）夏季保养

① 清洁空调，以便夏季使用。

② 防止高温对发动机损坏，应及时添加冷却液，注意发动机是否过热。

③ 减低轮胎气压，防止爆胎。

④ 防止曝晒对车漆的损伤。

（3）秋季保养

秋季多雨，应特别注意潮湿对车的影响，破损的车漆应尽快补好，以免雨后生锈；大灯、雨刮、雾灯有故障应马上维修；此外，雨天也要定期洗车打蜡，以免酸性雨水损伤车漆。

（4）冬季保养

① 检查轮胎和气压。冬季路面摩擦系数低，轮胎气压不可太高，但是更不可过低。

② 水箱添加防冻液。

③ 检查橡胶雨刮片。冬季气温低老化的橡胶雨刮片是僵硬的，无法使用，为保证安全最好更换。

④ 冬季对机油要求较高，如果里程接近保养期应提前更换适合冬季的机油。

欢迎订购化工版汽车图书

书号	书名	定价/元	出版时间
29458	教你成为一流汽车维修工（第二版）	59.80	2017.7
29058	驾驶员安全停车技术全程图解（第二版）	39.90	2017.5
27643	新能源汽车关键技术	88.00	2017.1
15704	图解汽车传感器识别·检测·拆装·维修	39.00	2013.3
29712	汽车构造与原理百日通	69.00	2017.8
21170	汽车电工入门全程图解	29.00	2014.10
20525	汽车维修工入门全程图解	29.00	2014.8
15236	教你成为一流汽车电工	39.00	2013.1
25172	汽车发动机构造·检测·拆装·维修	68.00	2016.1
25320	汽车底盘构造·检测·拆装·维修	48.00	2016.1
24823	汽车维修技师综合技能全程图解	29.00	2016.1
26439	汽车安全驾驶技术全程图解（经验+规律+技巧+要领）	39.90	2016.5
27661	明明白白养车修车	39.90	2016.10
26199	驾考通关必做1280题	39.90	2016.4
25568	驾驶员必知养车修车用车1500招	49.80	2016.2
26469	轻松学车考证（师傅版）	39.90	2016.5
26470	轻松学车考证（徒弟版）	39.90	2016.5
25531	轻松学车考证（2016：C1/C2/C3/C5全彩色版）	39.90	2016.1
24405	学车考证1000问	48.00	2015.10
17556	画说道路交通安全法规（画说交通安全丛书）	39.90	2014.1
17467	画说汽车安全驾驶（画说交通安全丛书）	39.90	2014.1
17442	画说汽车事故与预防（画说交通安全丛书）	39.80	2014.1
23220	汽车驾驶全程图解（自动挡：全彩精华版）	39.90	2015.5
23221	汽车驾驶全程图解（手动挡：全彩精华版）	39.90	2015.5
22760	轻松考驾照——不可不知的100个学车考证常识	39.90	2015.3
19061	私家车主必备——私家车常见故障快速处理一本通	39.90	2014.3
28022	汽车诊断技能全程图解	68.00	2017.1
28314	教你成为一流汽车诊断师	39.00	2017.1
28552	教你成为一流汽车钣金喷漆工（第二版）	39.00	2017.1
25425	教你成为一流汽车维修技师（升级版）	39.00	2016.1
25167	汽车电路图识读技巧与要领100例	48.00	2016.1
24540	载货汽车电气原理与整车电路图集	88.00	2015.9
26767	汽车维修基础500问	48.00	2016.7
26725	汽车电工基础500问	39.00	2016.7
22174	汽车维修技师1000问	49.80	2015.2

以上图书由化学工业出版社·汽车出版中心出版。如要以上图书的内容简介和详细目录，或者更多的专业图书信息，请登录http://www.cip.com.cn。如要出版新著，请与编辑联系。

地址：北京市东城区青年湖南街13号（100011）购书咨询：010-64518888（传真：010-64519686）

联系电话：010-64519275　　　　　联系邮箱：huangying0436@163.com